解體分裂的年代

三民叢刊 18

楊渡著

三民書局印行

拿筆的人哪
——代序

楊渡

一九八六年春，彰化縣海濱線西鄉的海風如此狂烈，吹襲過鄉村曲折的道路。年輕人都已離鄉謀生的村子只剩下老人穿着黑厚的老毛料大衣在曬下午的陽光，瑟縮地抽着紙菸。這樣的小村竟是捲動起「反杜邦運動」的民間力量來源嗎？我行過街道時反覆地自問着。

「年輕人，你們拿筆的是能寫的。」一個老人坐在廟裡，呷着泡得無味的烏龍茶，在講完老人對故鄉的情感與反對毒物工廠來到家鄉後，語重心長的說：「上面的人聽不到我們的心聲，只有靠你們拿筆的幫我們講話。你也知道，我們是拿鋤頭的，有話說不出來，拿筆的人要幫拿鋤頭的講話啊！」

「阿伯……。」我無言地垂首，不知道能否擔得起這一生的重負。

●

流浪採訪的行程彷彿是一場不斷加重背負的登山之旅。在高雄市，一個丈夫可能死於輻射傷害的寡婦流着眼淚，她在拒絕我的採訪一次後，終因感於我的誠懇而接受，但一談起來就流下淚：「不是我想拒絕你，而是一談起就傷心，丈夫死了這麼久了，我也跟核三廠陳情了，但是有什麼用？沒有下文。我的心也死了，以後只希望好好過日子，你寫出來也一樣，他們不會理我，只有我自己看一次就哭一次，傷心哪！」

在發生漁民被扣在菲律賓的臺東阿美族家鄉、在高雄拆船廠的鋼鐵叢林中、在礦坑濕潮灰佈的黑暗地底下，這種對「拿筆者」的叮嚀反覆出現。而我難過的根源却在於：報導也寫了，批評也寫了，但又真能改變他們的命運嗎？怎麼樣才能改變呢？

現在我終於明白這背負將跟隨自己一生，它彷彿是來自家鄉與土地的叮囑，也是一種力量的源頭，在自己寫作評論及報導但並無實質幫助或改變什麼，因而變得非常疲倦無力時，這叮囑是唯一支撐的力量。雖然無力於立即的改變，但開墾的鋤頭多了，荒地或可能變成良田吧！

●

欲要改變命運的軌道就必得先了解軌道的規律，那是我在一九八六年初對自己許下的諾言。而改變總體命運的路無非兩條：改革或者革命。

革命是一次全盤的否定，推倒一切不義者、推翻現有政權，重新建立政權，塑造一個理想，建構新的秩序與正義。然而，革命後的政權仍不能免於舊社會模式的影響，以致於極易流為獨裁專制，距離理想還是非常遙遠。何況，革命有其社會條件及武力基礎，它是改天換地的過程，是赤裸裸的流血的鬥爭。臺灣是這樣的社會嗎？

改革則是肯定中的否定，是改造的複雜工程，一如都市更新計劃，只能逐步進行翻修，一條街、一個社區的改，它令人不耐，令人無奈，令人心急如焚且衝突頻生。在一九八一至一九八五年間，黨禁、報禁、戒嚴等強大社會控制下，美麗島事件後發展起來的政治力幾乎找不到出口，再加上江南案、陳文成案等事件，更令心存改革者陷入於失望之中而有着革命的幻想。革命的悲壯、激情、悲劇、毀滅、重生等感性形象，吸引着年輕心靈的投入，但何謂革命，何種條件才能區分應該改革或者革命，却是當時鮮少被理性地加以探討的課題。更為重要的是：無論革命或者改革，都是為了「人民」；但人民到底要什麼呢？是改地換天的革命，還是安定中的改革呢？就這樣我開始了長達三年之久的流浪採訪的旅程，為的就是尋找一個問題的答案：人民到底要什麼？

●

當歷史轉捩點來臨時，生活於其間的人們常是不自知地捲動於浪濤之中，身不由己地任其浮沉，而即使是自覺地身處其中，亦不見得能改變歷史的巨變，個體生命只能知其渺小而盡其棉薄之力而已。

臺灣面積這麼小，要仔細地進入底層了解真正脈動却需要較長的時間，約莫那麼三年時間的採訪對我的個人生命而言，影響是難以估量的。從大歷史的觀點來看，從一九八六到九〇年的這五年間，也正是臺灣命運的轉捩點，這段歷史在中國歷史上未曾有過，未來這種社會結構巨變一俟轉型完成，亦將不再來臨了。

此次歷史巨變的根源在於：原本以農業生產為主體的生產方式，夾雜着手工小生產者、販售者等的農業時代，早已因臺灣的工業化(準確的說是依賴性發展)而轉型進入工業社會，從生產的各種指數都可見出經濟上的發展已然完成，但是這種生產力的發展無法與生產關係相適應。而生產關係包括着政治、經濟管理等等。「有着流通於世界的商品，却保留最傳統的權力結構」是臺灣社會的寫照。民間所形成的自主力量早已不是傳統的、農業時代的社會控制模式所能掌握，但政治結構却維持古老强控制模式。一個社會的穩定在於政治、經濟、文化各領域的平衡發展並互為穩定支撑力量，但臺灣則是經濟與政治矛盾，互相衝突。如此則經濟結構轉變後的民間力量自然會要求政治之改革，以期改變權力結構，改變社會管理方法，改變經濟之政策。它是民間與官方的衝突，也是經濟與政治的衝突。政治結構如果無法作相應之轉變而採維護旣有體系之高壓模式，則民間的經濟力與政治力將變成衝突、動盪的禍源。

一九八六年至九〇年的五年間，發展於民間的力量計有：在政治上，解除戒嚴、開放組黨、開放報禁、國會全面改選、司法「送終」、開放赴大陸探親等等；在經濟上，沒有出路的游資導致大家樂賭風、股市狂飆、房地產飛漲、地下投資公司非法吸金、中小企業相繼倒閉出走等等；在社會上，勞工運動、農民運動、環保運動、學生運動、婦女運動等等羣衆運動興起。街頭，變成民間發表意見、要回人權的戰場。警民衝突頻頻發生，立法院、國民黨中央黨部屢屢被包圍。

結構性矛盾，唯有靠結構性改造才能免於「革命」之路。在這段時期裡，蔣經國在去世前的結構性佈局是值得矚目的，最重要的是：開放黨禁報禁、解除戒嚴、開放大陸探親。前二者是啓動政權轉移的民主化之起步，而開放大陸探親則啓動了兩岸觀光、經貿投資、文化學術交流的開端。這三者實則是臺灣走出悶局，使游資流動溢出而赴別處尋找生機，使小島不再自陷孤立的前瞻性做法。尤以探親後兩岸關係的緩和和平發展，更使臺灣的生存能擺脫陰影，走向世界。

改革也緩和了社會的動盪與衝突，讓臺灣免於走上「革命」的悲劇之路。站在較宏觀的歷史視野來看，這些社會衝突與其形成的壓力迫使國民黨讓步改革，表面上是國民黨、民進黨、民間社會力量在這段時期裡為衝突而付出無數代價，乃至於整個臺灣社會為這亂象而損失甚鉅。然而恰恰是這些衝突在形塑一個中國歷史上未曾有過的社會結構，使之改造完成。

衝突使久蓄的社會力找到出口，衝突使國民黨讓出集中的權力，衝突也使得臺灣的各種問題浮現，公開討論，進而使改革成為可能。這段歷史時期的可貴在於經由這些考驗（衝突是一個社會穩定與否的考驗），證明了臺灣社會有其穩定性，而唯有在改革之中才能找到出路。

在我個人所採訪的機場事件、社會運動的街頭羣衆運動之中，確也未曾遇見過真正的「革命者」。勞工運動只是要索回其失去的人權，農民要索回在「以農養工」時期所損失的生存權，環保運動則是對既有污染的抗議與行動，它與「革命」之「推倒」，還有大段距離。是的，從宏觀歷史來看，正是這正與負的力量在共同完成中國的社會結構之巨變。

●

社會結構轉變之力源既是來自民間，則其意識自然無法自外於歷史的束縛，因而民間的社會運動、政治運動常常帶有受統治者所教育過的烙印。而歷史之轉變既是要改變政治，則政治權力結構為要適應多元化社會的力量反映，亦非分裂、解體、重組不可。

國民黨內的權力鬪爭應視為反映社會多元力量的產物。它的分裂與解體是使黨內民主化成為可能的必要過程。然而，國民黨權力衝突的解決模式仍無法免於舊的包袱，它祈靈於舊結構。以總統選舉為例，八大老的出面協商就是典型的反映。進行改革而祈靈於舊結構所顯現的是：在延續性的歷史中，力量的轉變與意識形態的轉變絕非一蹴可及，而是不斷衝突及改造的過程。

卽使臺灣民間也一樣。舊的意識形態依舊無所不在。以現實為例，主導股票市場的可能是祈靈於紫微斗數或「三太子的顯靈指引」，主導大家樂明牌的可能是荒墳野鬼，主導政治人物的可能是《聖經》或命相風水。所謂改革與革命都無法在「改造」時完成意識形態的同時性工程。毛澤東發動「文化大革命」所欲完成的意識形態大革命，竟是植根於封建傳統的個人崇拜與各種手段。這種意識形態的延續性會遺留多久以及在何種領域顯現需要更為詳細、細緻的研究，但可以確定的是：它不會立卽完成。也正是這樣的「强人統治下的意識形態包袱」使得郝柏村的聲望能够上昇，並且未導致倒閣。然而，可以預見的則是：這樣的社會基礎將隨臺灣的民主化而愈來愈少。

「解體」並不意味着崩潰，而是一元化的控制系統解體而呈獨立發展，或納入制度性的、可監督的管理之下。因而它是一個過程，唯有解體並重組過後，社會才可能穩定。這是我在一九八七年出版《强控制解體》一書中所提出來的想法，希望藉此解釋臺灣現象。其中包括社會控制的各種「强控制系統」的部份（如人二室、敎官制、電檢制、電視控制、軍事制度等等），都應該解體，始能成為制度性的、可監督的一環。

八八年初，蔣經國的去世加速了此一「解體」的發生。國民黨內、國會派系、地方派系、黨政軍系統等等都因權力中心的喪失而進行解體重組。許多人憂心忡忡地視此種分裂解體將使國家陷入於內亂而遭致外患，但我認為這反而是好事，國民黨若不解體重組，黨內民主難以達致，黨內不民主則專制依舊可能再起，因而解體恰恰是黨內制衡的必要。

同樣的解體分裂現象在政治、經濟、社會中發生。農民運動使農會的一元化系統分裂，勞工運動使工會系統分為體制派與反體制派，環保運動使環保署的正統備受壓力，學生運動使校方及舊有學生會面臨改造，敎師人權促進會使正統敎師組織備受質難，民間人權團體則使中國人權協會遭遇挑戰……。卽使是某一些民間團體內亦有派系，統獨之分常常存在，激進與溫和亦常爭執，但總體而言，並未有任一團體因解體而崩潰。解體，並在其中學習重組之道，畢竟是一個民主化的學習過程。

從這個視野來反省，解體及重組竟是民主化必經之路，混亂不能免，衝突不能免，因為唯有經歷過，學習過，才能從中得到教訓而成長，學會容忍與學會過民主生活。

●

恰恰是在這段時期裡，我歷經採訪記者、撰寫專欄、寫作社評（在《中時晚報》）等工作，在一些街頭運動的現場，吃過催淚瓦斯，也躲過石塊的飛砸，當然也不能免於警棍的追打。這段中國歷史上未曾有過的轉型時期，因着從事新聞工作的方便，大體皆曾目睹，但也常因為寫作報導評論的無力感，而幾度心灰意冷，茫然四顧。感謝鄉村阿伯的提醒，他的話屢屢在我灰心時出現：「你們拿筆的人哪……」，它變成一種叮囑，一種堅持的力量。

回顧這段自己曾經參與過的街頭運動時期，亦不無慶幸。恰恰是在臺灣街頭的石塊、警棍、催淚瓦斯的訓練，使自己在六四的採訪中謹慎小心，全身而退。這一點倒是應該感謝「暴民加暴警」的「臺灣經驗」！

●

一九八八年秋，就在臺灣社會運動發展到高峰時期而產生內部分裂、重組、彼此攻訐的氛圍中，我首度赴大陸觀光。最初是單獨旅行，其後與一位長輩同行。我所想弄清楚的依舊是臺灣的命運會往何處去。「統獨」爭議中捨棄大陸的現實是不可思議的一件事，可偏偏爭執的興趣大過於對現實的認知。

那是不可思議的感受，站在北京街頭往外放眼望去是西部大漠與絲路、東南沿海開放城市、中部開發地區、東北原始林帶……，在這些地圖之外，才是小小的香港與臺灣。我的家鄉如此瘦小，我可以想見北京的中共領導人是如何處理臺灣問題，那是在大陸的「大塊大塊問題」的思考之後，才會配合總體發展來思考臺灣問題，那樣的思想模式，同我原來在臺北所站立之處的「以臺北為世界中心」的思考是完全不同的事。然而，臺灣未來的發展又非穿過中共、大陸這一堵巨大陸塊不可。

繼之而來的問題是，大陸的人民在想什麼？要什麼？在社會主義制度下的人民到底是什麼樣的心理與生活呢？未來的兩岸關係會給人民帶來什麼樣的命運呢？生活於臺灣的人們該怎麼辦呢？就這樣我開始了大陸的採訪工作。一如多年前在臺北開始採訪時所期望弄清楚臺灣命運一樣，最後我發覺臺灣的命運不能孤立起來關門思考，對外非理解大陸不可。在大陸的流浪與採訪遂在一九八九年開始，而終又遇見六四事件這樣的重大歷史事件。

「拿筆的人哪……」阿伯的這句話仍時時在我心中迴盪，拿筆的人在這個時代能做什麼呢？

●

結集在這本書中的評論是我在《中時晚報》寫專欄及社論時的成績，記錄的是這個解體分裂年代中，我們的社會如何變化、衝突、改造。其中的汗水與辛酸是社會結構巨變中，永遠無法記錄的，也是全體人民共同付出的，但也恰恰是各種微小的努力與變化，在創造一個民主化時代來臨的可能。中國的歷史未曾有過「民主」，但願臺灣能創造出這個歷史的新頁。如果這本書有其意義，便是透過評論，我們或可重新反省這個混亂、衝突、解體、重組的歷史過程，從中得到記憶與反省的力量吧！

一九九一年元月二日

解體分裂的年代

4 解體分裂的年代

6 解體分裂的年代

10 解體分裂的年代

解體分裂的年代

解體分裂的年代

一個解體分裂的年代，在一九八八年以來更加明確成形，從政治上層結構到民間社會運動團體，乃至於學術界，莫不如此。

國民黨內權力競爭遊戲在十三全前夕，解體為「倒俞（國華）」及「擁俞」兩大勢力，各種「項莊舞劍意在沛公」的民意測驗及連署聲明相率出現，立委吳勇雄也「披掛上陣」躍入行列，促使解體分裂焦點更加集中。

民進黨內則又延續舊路，發生批康、批費風波，大陸政策也衆說紛紜。而工黨則是繼上月內訌分裂之後，近日公然呈現另組織新黨的舉動。

而昨日成立的全臺農盟也在會場發生「羣衆肢體語言」，毆鬪鬧場之後分道揚鑣，另一組人馬另組「臺灣農權總會」。

即使是學術界也不例外，因着五二〇事件而有兩種看法，有人發表譴責暴力聲明，有人發表「勿作政治審判」聲明。而外交部禁止中研院前往國際科聯會的聲明，更招到中研院等學術單位的不平，紛紛表示這是「政治干預學術」。

這林林總總從權力上層結構到民間的解體分裂現象，正應驗許倬雲教授的概念：「解構」。在這「解構」期間，每個人尋求自已在權力關係、勞資關係、意識形態上的重新定位，頗有勇敢「現身」的味道。

然而「解構」畢竟只是一個過程，重要的是解體分裂後的各團體如何在定位中實踐其理念，建立其社會基礎，這才是重大課題。否則即使是分裂時聲勢再大，終究是聲勢而已，對重組並無幫助。

（一九八八年六月二十九日）

模糊的意識・朦朧的分裂

連串的分裂傳聞，在幾個政黨、社運團體之間展開。民進黨內延續着新潮流系與美麗島系之爭，工黨是服務路線與工運路線之爭，學運內則有自由之愛與民學聯之爭，農運內則有激進系與農盟系之爭。這些表面上看來都是「路線之爭」、「意識形態之爭」甚或「理念目標之爭」。

但是仔細探討這些路線的異同，卻又可以發現共同之處大於歧異之處。

共同之處在於：①無論哪一種路線，最初都是反對一元化控制系統，而展開反體制運動。②在目標上也是對着控制系統展開抗爭。③在形成過程中都是由模糊的反對色彩開始。

這些共同點其實都是針對政黨或社區團體的「外環境」而發展的。也就是外環境（即一元化控制體系）與反對運動有共生存的關係。然而歧異點卻存在於團體內部。也就是內部對如何對抗外環境有不同觀點、不同看法。而這些歧異觀點又被堅持者各自「絕對化」為唯一正確路線，而展開彼此批判工作。雙方愈演愈烈，有時甚至變成「最仇視的目標」。

然而，這種內部矛盾又常因外環境的壓力而「暫時統一」起來，團結一下。例如民進黨的幾次案件、農民聯盟等等。等到壓力逐漸解除，矛盾則依舊存在。

於是我們看到這樣一種現象：壓力愈小，分裂愈快。更明確的說，內部矛盾則因外部壓力的鬆緊而轉變，有如「跟着魔鬼的音樂起舞」。這種現象，難道不值得反對派人士深思，從而思考一套長遠的分析與計劃嗎？

（一九八八年六月）

買與賣

在一般商品交易行為中，不外乎買與賣。賣方首先要有產品，開出價格條件，經由買方衡量其需要與購買能力後，買賣始告可能。

這種最普通的商品交易規則在政治上也並不例外，只是可能摻有更多複雜因素而已。但是這簡單道理卻常常被「搞政治」的人所忽略。忽略的原因不外乎幾點：立場判斷有誤、商品估量能力不足、邏輯思考能力有問題、故意視而不見，或真的有思考盲點。

民進黨開始黨主席選舉之後，各種耳語、流言流彈滿天飛。先是林正杰做民進黨內部自我批判的「上姚主席萬言書」，繼之是一陣統派獨派的帽子與口號，隨後是洪奇昌在美國表示黃信介與中報傅朝樞有接觸，但被黃信介否認外帶要求他澄清，如今，邱連輝傳出與中共高層領導人有接觸之際，黃信介也「傳與中共高級領導人有接觸，容易予人秘密勾結中共、出賣臺灣的誤解」，臺灣政治受難者聯誼會要求黃、邱二人出面澄清。

這種傳聞與要求澄清的動作，若非黃信介要選黨主席，恐怕不會發生。但令人訝異的只是爲什麼會出現這種邏輯不通的言論呢？老實不客氣的說，憑黃信介與邱連輝二人要「出賣」臺灣還早得很哩！他們手中有「貨」嗎？沒有執政基礎就沒有商品條件，他們想去賣，難道中共就會買帳搞「買空賣空」嗎？這未免太擡舉了吧？

潛存在新生政黨的民進黨內或許還有許多問題亟待改進成長，但最重要的怕是學習過「民主生活」，學會尊重不同意見的人。否則內爭與無數耳語，將不斷傷害民主政治的腳步，也會使民進黨內傷累累，疲於奔命的。

（一九八八年十月二十三日）

俞國華的功勞

十日十三位環保團體代表赴行政院見行政院長俞國華，會後，他們分別發表觀感。有人說俞院長人雖老實，但充滿無力感，對環境部成立與否根本無法答覆，「令人失望」……。這些話雖然都言之成理，但卻使人對俞院長更加信任，並認識到此時此刻，俞院長對臺灣的民主化有其正面的功能。

俞國華院長上任以來，遭遇的批評甚多，從天災、車禍、經濟危機、江南案、十信案、緋聞案，到國民黨十三全時的各種各樣的民意調查，處處可聞要求「下臺」之聲。而且「下臺」聲最初始於反對派人士，最後竟出現在黨內，連立委吳勇雄也以緋聞案及索賄疑雲傾力攻擊他。

但仔細看俞院長的回應動作，似乎並非過去那種「位高權重」的內閣強人所可能採取的低姿態做法。但是他一貫採取低姿態，而且做到了。

像這樣低姿態的行政首長，不僅是強人政治傳統中所僅見的特例，更是行政院轄下其它部會首長都少見的。表面上看，大家都認識到臺灣面臨轉型期危機，需要一個有大魄力、大擔當的行政首長以當機立斷、強勢手腕推動改革，但是這樣的首長，卻也有重塑強人政治的危機。

尤其，長期以來強人政治接受公評的「雅量」仍屬有限，以至於民間參與決策的聲音非常微小，如今有一個「弱政府」對於建立「強民間」將有助益，且可使政府、民間的力點漸趨平衡。在臺灣民主化過程中，雖然俞國華飽受無能之評，但從民間力量的湧現與民主制度建立而言，他卻有另一個階段性的重大貢獻，至少，他不會又重建強人政治，令人放心。

（一九八八年九月十一日）

趕快挖厠所吧！

臺灣有句俗話：「尿急了，才想要挖厠所」。這句話，既粗鄙，且不雅，但拿來形容目前已「準現代化」的臺灣一些問題，卻是頗爲貼切。

以「綠牡蠣事件」來說，明明養蚵漁民價值數千萬元的牡蠣與養殖設備被銷毀，明明製造汚染源的廢五金業者應負責賠償，但事情過了三年，仍舊是該賠償的人未賠償，該獲賠償的人未獲賠償。

而政府主管單位，從地方到中央，由農政到環保單位，也始終束手無策，最後，環保單位宣告，因目前國內並未訂定「汚染糾紛處理法」，政府應如何處理，無法可依。結果在這個事件中，政府賠進了公信力，社會賠進了公平與正義。

再舉一個例子。開放大陸探親之後，無數國人進出大陸，住中共「國營」飯店、搭中共「國營」的交通工具，讓經營的「叛徒」賺了不少錢。雖然沒有人會認爲探親同胞因此便犯了「資匪罪」，但現行懲治叛亂條例第四條第六項明明寫着：爲叛徒徵募財物，或供給金錢資產者，處死刑、無期徒刑，或十年以上有期徒刑。

究竟，大陸同胞和叛徒應如何區分？給付多少金錢，才算「供給金錢」？形式上的間接貿易，又如何保證在實質上不會是直接資匪呢？如何讓老百姓淸楚地知道怎麼區別「民間」與「政府」呢？

類似的例子還有很多。許多舊的法令、制度，早已無力規範時刻在變的新形勢，在規範不明的情況下，法律似乎只對笨蛋有效；守法，對某些人是笑柄。

（一九八八年九月九日）

讓國會去流亡

資深國代中的「國民大會各黨派聯合會」自發出反對退職條例聲明以來，已再度引發各級民代的反制行動。尤其，夾雜在立法院退職條例應否交付審查前進行辯論的兩黨衝突狀態下，更具「火上加油」之效。

然而，令人不解之處卽在於：資深國代提議組織「流亡國會」，執政黨及立法部門爲什麼不讓他們去「流亡」呢？

資深國代的說法是這樣的：如果臺灣的同胞反對他們，他們不惜回大陸組織「流亡國會」。有的人更說：「臺灣把我們當『廢物』，中共卻會把我們當『寶』，如果臺灣待不下去，我們乾脆回大陸當代表算了。」

資深國代的「破釜沉舟」之言，的確具醍醐灌頂之效。長期以來，執政黨決策中心爲這歷史包袱的「沉重賣壓」壓得喘不過氣來，外遭民進黨杯葛、羣衆運動之直接壓力，以及納稅人平白付出的不甘心；內遭老代表的抗議反制之聲，可謂左支右絀，苦不堪言。

如今，老包袱居然要自動卸下了，他們說要組織「流亡國會」。如此一來，退職條例不必審，朝野衝突不必生，數億退職金不必付，納稅人的錢不必花，建設預算多出一筆，可謂一舉而數得。

世界上有「流亡政府」一詞，其目的無非是希望恢復原有政權，回到原來土地上。而「流亡國會」果真如資深國代所言，是「臺灣同胞反對他們」，則這「流亡國會」也不必力圖恢復原國會了，因時間自會解決這一切。就讓這種國會去流亡吧！

（一九八八年十二月二日）

小心鬧出笑話

立法院增額委員組成的最大派系「集思會」日前開會，討論陳適庸所提有關課徵證所稅的提案。這些提案包括：

①調高免稅額，由財政部宣布的三百萬調高至一千萬。

②減徵或停徵證券交易稅。因資本市場目前已發生動搖，既要恢復課徵證所稅，應減徵或免徵證交稅。

③降低證交法中規定的證券交易手續費。

這三項提案，事實上是在財政部既定政策與證券交易商、股市投資人之間採取折衷方案。但它有一個必要前提：「資本市場動搖」。換言之，每一個立委無人敢不同意「賦稅公平原則」，但是基於本身經濟利益與政治利益，遂有此一提案。

問題在於，資本市場會動搖嗎？一日以數百億在股市飈進飈出的資本，一坪以上百萬在房地市場喊出的資本，一盆以數百萬在蘭花界高出高入的資本，一次以上百億在六合彩組頭手中流轉的資本？……。這些總數以千億計的資本，果眞會因股市課徵證券交易所得稅而「動搖」嗎？

答案顯然是否定的。質言之，這些資本是臺灣現有特殊經濟結構中的產物，在政府未開放公營企業的國家資本，未開放更多國際資本流通管道以前，它是既不會消失也不會動搖的，它只會「流竄」。

因此，此次課徵證所稅的衝擊只是再度證明股市是建立在脆弱的基礎上。而經歷此次衝擊，股市只會更加健全、穩固，它只是搖幌，而不致於動搖根本。

我們實在爲這些連署提案的立委憂心，因爲如果股市在未來兩周內又「颷」起時，這項提案會變成一則荒謬的笑話，也是立委知識水準的一項嚴重打擊。

（一九八八年十月二日）

法令決策莫成具文

中國國民黨十三全大會在各方矚目與期待聲中揭開序幕，各種革新方案相繼推出。從形勢上來看，確實有一番革新氣象。但我們所眞正憂心的卻不是這些方案的內容夠不夠充實，完美不完美，或對社會能否起帶頭作用。眞正的關鍵問題仍在於如何實踐。

民國三十八年十月，革命實踐研究院在大陸淪陷之際，曾提出各種改革方案，在「政治改革綱要初稿」中有這麼一段話，或許仍是有效且值得一讀的：

> 然吾人革命成功建國之始，卽應踏上民生主義之途，使人民明瞭國家之前景。惜法令決策多成具文，而實施之經濟政策，每背道而馳。首為國家資本，幾未加積累，政府資金，甚少用於有益民生之建設，而恆費於不急之務。獨占事業及大企業，且不免落於有力者之手。社會資金，未嘗導入於生產之途，而週轉於商業及投機場所……，外

滙金融，管理失策，枯竭國力，農業改進，遲未着力……。

這一段話裏，最重要的怕是「法令決策多成具文」。仔細審視近期以來的勞資對立，難道不是法令決策形同具文的證據嗎？

而農業政策亦然，政策中雖列有「保護農民收益，安定農村經濟，發展農業技術」，但看看農會變成地方派系分贓之所，就知道還是「具文」。

再看看當年國民黨改選方案中曾列有如下條文：「原有黨員有下列情形之一者，應嚴加整肅，拒絕其登記：①有貪污腐化之行爲者，②有投機變節之行爲者，③有壟斷居奇之行爲者，④有壓迫及剝削民衆之行爲者。」

以三十八年國民黨改選案的這條原則來看，今天的情況，眞不知有多少人會被「嚴加整肅」。

然而，那個年代畢竟過去了，同時，與政治改革案中的說法一樣，今天的情況令人有「法令決策多成具文」之感，這便是今後的關鍵所在，所以我們希望以後法令決策「莫」成具文。

（一九八八年七月八日）

人治取向的悲哀

民意調查基金會公布「七十七年地方政府首長施政滿意程度」及七十七年底縣市首長選舉的選民取向標準。有意思的現象是五位名列前茅的縣市首長中，吳伯雄、吳敦義、陳定南、張博雅、余陳月瑛分屬國民黨、民進黨及無黨籍（陳定南尚未入民進黨），由此可見，滿意程度並非以政黨爲取向，而是以個人爲取向較多。

另一投票取向調查也顯示同樣的性格。該調查顯示，臺灣地區縣市民衆對年底縣市長的投票，有百分之卅七・三採候選人取向，百分之廿・六採政黨取向，只有百分之十一・二是以政見爲取向。這也印證了以人爲取向的施政滿意程度及投票行爲。

由這份調查我們不難發現一項矛盾：當各種媒體競相提倡政黨政治爲民主政治的必走之路時，事實上選民並不把政黨視爲首要之務，而是以「人治」爲取向的思考。這大約是臺灣民主政治發展的矛盾吧！

在一般西方式民主國家，政黨取向是一般選民決定其投票行爲的指標，而政策則是其選擇的另一指標。因而執政政黨一改，各種相關政策會隨之更動。輪替執政的政黨因而必須對整體政策提出藍圖，畫出遠景，贏取支持才能贏取選票。

然而在臺灣，由於政治結構的不合理，執政政府與執政黨的分際不明，以及國會結構的不改選，縣市首長的選舉最後終而出現此種「以人爲取向」的投票行爲。而人治比起法治或政策取向，其實是最爲落後的，因人存政存，人亡政亡。

以人爲取向的投票行爲，其實是民主政治的反諷，也是一項選民至深的、無奈的選擇。

（一九八九年元月四日）

收買還是捐助?

長老教會的教會公報日前刊出國民黨中央社工會的「導正『臺灣原住民權利促進會』專案工作」的機密文件，文件中提及國民黨中央社工會按月出錢給原住民反對團體中的個人作爲津貼，使得外界充滿「國民黨收買青年」之說。這份由立委吳淑珍流出的資料已對原權會及弱勢的原住民權利運動，造成莫大的傷害。而更重要的則是此一密件的眞實性如何？執政黨是否眞的這麼做？

中央社工會相關人員已在訪問中否認此一「密件」，並認爲長老教會所刊佈者爲無證據文件。然而，經立委蔡中涵證實，及原權會記者會指出，正在日本求學的原住民青年林文正卻早已公開承認，他曾接受按月津貼，但自七十六年七月以後，就沒有再拿這筆錢了。

很顯然，中央社工會的否認與原權會部分成員的承認是互相矛盾的，眞假一時難辨。但是應當指出的則是：原權會、林文正等人承認其中一、二成員曾接受過社工會補助津貼一事，是必須以個人道德操守為賭注的行為，所受的傷害會是非常嚴重的，因此他們的承認，更應矚目。

對於此一問題，我們認為將牽涉到幾點值得討論的重點：

①政黨與民間團體的關係。無論是任一民間團體，當它接受政黨補助時，應確保其原則及宗旨不受捐助者所左右，而政黨亦不應以左右民間團體為捐助之目的。這樣的原則是應該保持的。

②政黨對民間團體固可捐助，但應以團體為對象，而不應以團體的主事者為對象，否則將不是對團體，而是對個人的補助津貼，既無法達到協助民間團體之目的，且可能只是圖利少數個人，甚至引起外界「收買」的抨擊。

解嚴之後，各種民間團體勃生，而政黨與民間團體（尤其異議團體）的關係一直無清楚分際，我們希望此一風波，能給政黨與民間團體一次教訓的機會，使以不再發生類似的事件。

（一九八九年元月十一日）

爲錢賭性命

有一首古老臺灣民謠「爲錢賭性命」，歌詞內容是這樣的：有錢人講話大聲，萬事都占贏；無錢人在這世間，講話無人聽。歹命人，要打拚，不要使人驚。啊！世間的歹命人，爲錢賭性命。

將這首歌拿來對照最近發生的自力救濟風波，實在令人無限傷感。在股市風潮中，有錢人果然說話非常大聲，短短時間內動員了立委、民代、黨政要員、黨政協調等等，修正了鐵娘子郭婉容的決策。然而，股市依舊一片跌聲。此時，工商界領袖辜振甫、許勝發、王又曾三人又聯名致函行政院，建議對股市低迷應採取有效措施。

在國民黨中常會上，此一「有錢人的賺錢問題」被提上檯面討論。辜振甫當面提出，而李煥則要求財政部長於下周中常會報告。所幸俞國華及李登輝認爲不必在中常會討論，才不至於引發黨政不分的風暴。

相較於此的是各地公害糾紛事件。林園工業區的污染傷害民衆健康，已有多次案例可循。但屢次都是以賠償解決，而不是飭令建立防汚措施。長期的民怨積累終而總爆發成爲一次大事件。但這只是一個個案而已，根據環保署的統計，可能引發自力救濟的事件有五十件之多，其中較大者有：紅毛港民衆反臺電煤塵案、臺電高雄南煤中心遭圍堵案、中油高雄總廠污染案、反五輕案、反六輕案、鎘米案、綠牡蠣案、各種特殊工業區案……。

這麼多的自力救濟案件，像地雷一樣埋在民間各地，未獲解決，是會積累多少民怨與不滿，多少家庭的傷害與不幸啊！然而，他們率多是農民、廠區附近工人，因而卽使環保署列管追踪，還是未曾解決，聽任地雷擺着。

我們實在爲行政部門的動作遲緩感到憂心，但更爲只看有錢人的心態傷心。難道要等到歹命人都起而自力救濟時，難道要他們高唱「爲錢賭性命」時，當局才會當一回事來看嗎？

（一九八八年十月）

監院黑函風波之一

彷彿不甘獨立於立法院與國民大會的「黑色風暴」之外，監察院最近也捲起一陣「匿名信」風波，而且餘波蕩漾，逼得監委個個呼寃枉、人人忙自清。

一封署名監察院「資深職員」所寫的匿名信，竟能在堂堂三人國會之一的監察院引發這麼大風波，甚至成爲年終熱門話題，道理何在呢？任人皆知，匿名信的出現無非是逃避個人責任的不光明手段，一般接獲者大抵以不予理會居多。然而，此次監院出現的匿名信反而像一個石頭打在蜂窩上，使得不少監委紛紛出言自清。

施鐘响高喊：「我是最清白的，還不夠格當金牛！」朱安雄指稱有看不見的手在操縱黑函，王玉珍則主動會見新聞界澄清自己不是臺電的「保鑣」，林榮三則以「利用監委職權搞錢會死人」爲賭咒力圖自清……。至於其它沉默者、叫好者、或頻呼寃枉者更不在少數。

監委的這些「過度反應」的動作，意味什麼呢？正如監院部份委員指稱的，這封匿名信多半有事實根據，才會引發部份監委的跳腳與賭咒，否則大可一笑置之。

從這些現象的出現，再配合今年監察院所調查的幾件事，如臺電購煤弊案、雷震案與回憶錄遭焚毁案、交換機採購案、蘇南成案等等，無一不是贏得「拍蒼蠅不打老虎」的稱號。再加上選舉時「集體買票，聯合標購」的甚囂塵上的傳聞，則監察院的現狀及其來龍去脈，就更加清楚。

想想國父基於中國御史大夫風範而設立的監察院淪入這等地步，實令人不勝「心死」。因爲實在無心可痛，無哀可悲了。正如學者所言，它還有存在價值嗎？

（一九八八年十二月八日）

監院黑函風波之二

因爲「黑函風波」而鬧得風風雨雨的監察院昨日又爆發一項大內幕。負責調查臺電向潘氏企業購煤弊案的監委王玉珍公開在院中表示：如果監察院不在十二月底前通過糾正案，潘氏可依舊合約要求臺電延長十年，購煤千萬噸，因此他急於結案，但另一監委卻向他說拖延該案是院長黃尊秋的意思。王玉珍爲此激動又傷心地質問：「院長是否牽涉到利益團體？」

對於王玉珍的此一正面質詢，黃尊秋既未正面答覆，也未置可否，只是答稱：「是否有問到此事，我已沒有印象。」

對監察院調查購煤案的延宕不決，應可分爲兩個層次來看待。首先是臺電部分。根據調查，截至七十六年底止，臺電與潘氏企業的四個合約共損失新臺幣廿九億一千五百餘萬元，這種拿着國民繳交電費的錢去圖利少數企業的行爲，監院早該作成調查報告，並提出糾彈了。然而監院並未這麼做，反而有意拖到十二月底以後，顯然有意「放水」讓臺電與潘氏企業延長合約十年，而這十年內，會損失多少國民血汗錢，則還在未定之天。

受國民囑託監督政府機構、公營企業有無弊案的監察院爲何不糾彈呢？昨天監察院的爭議終於露出端倪，原來是「某委員向王玉珍說院長黃尊秋有拖延的意思。」面對國民將因國營事業臺電購煤弊案而損失數十億血汗錢的此一案件，監院所表現的態度除了如監委所言「與利益團體掛鈎」之外，實在很難找出其它理由。

更爲荒謬的則是：因此，當事人監察院長黃尊秋既未出面否認，被指與利益團體掛鈎的另一位監委謝崑山也未出面否認，而執政黨監委黨部書記長王樹霖則爲免「家醜外揚」出面打圓場。監察院至此地步，實在已非「家醜」，而是「國恥」了。我們除了眼見監察院如此之外，還想再問一句：誰來調查監察院？誰來調查監委呢？

（一九八八年十二月十五日）

監院黑函風波之三

在監察院鬧得風風雨雨的黑函風波，終於水落石出。潘氏企業總裁潘盤新在十二月十五日下午出面澄清，承認「黑函」確爲該公司副理李世雄所爲。然而，潘盤新強調，這是該職員基於個人義憤，在未告知公司的情況下寫的，因此這是該員的「個人行爲」，與潘氏企業無關。

對於潘氏企業的說法，我們並不感到意外，且頗有「耳熟能詳」之感。在立委吳勇雄質詢王章清拿錢給他出國留學一事上，行政院長俞國華說，這是王章清的「個人行爲」；在張憲義潛逃出國時，中科院說這是張憲義的個人行爲；在五二〇事件盛傳憲警有「過度鎭暴」之嫌時，也還是員警個人行爲。

一切錯就錯在這個人行爲上。然而，如果一切都是「個人行爲」，那麼誰該負責任呢？難道個人擔下責任就能解決一切問題嗎？這麼多出現問題的「個人行爲」是否呈現出我們的社會文化已有了更其嚴重的危機？

事實上，每個個人都是一個行政部門、一個行政單位、一個企業體之中的一員，他的行為固然應對自己負責，更需負起因工作所賦予其職權而來的各種權利與責任。這尤其以這個個人在行使其職權時為然。無可置疑地，個人在其工作、職業中已決定了他的社會角色，因而行政部門的人員尤需知道進退之際，個人的角色對部門所可能產生的影響，以及此一職權所帶來的「力量」。

然而，我們所見的不是「責任政治」與「責任企業」，而是「個人行為」的連串說詞，並且上行下效。這果真應了古語「風行草偃」的格言。只不過知大家都是個人時，誰是整體呢？

（一九八八年十二月十六日）

射出的箭命中自己要害

連續兩個由海外人士回臺召開的會議，在臺灣分別舉行。一個是國建會，一個是世臺會。也許是時間過於接近，令人不由得在兩者之間，發生些許聯想與比較。

國建會召開之際，引致反對派人士抨擊它是政治大拜拜，離鄉數十載，持外國國籍，不解臺灣社會現實，怎麼可能提出建言？這些對國建會的批評聲音未遠，餘音猶在，卻一下子折射回到親反對派的世臺會身上。而反對派對國建會的批評，如持外國國籍、離鄉數十載不解現實、遠來和尚會唸經、挾洋自重等等，句句射向對方的箭，也都命中自己的要害。

值得注意的是：政府辦過一個飽受批評的國建會後，親臺獨人士有世臺會；如果自決論者也辦一個「住民自決研討會」，則海外的黨派鬪爭、派系攻訐就逐一「在臺上映」了。而且對臺灣內部成員而言是各挾各的洋，各彈各的調。唯一相同的可能是：距離太遠，大家都「走音」。

民進黨常批評國會僑選委員是外國籍，無法代表民意；但反觀此次世臺會成員所彈的「音調」，充滿臺灣人要如何如何，也與外國籍人士決定臺灣前途的味道，相去不遠，這又算什麼呢？

民進黨內部知道世臺會此次召開與黨內領導權爭奪有關，臺獨論者欲藉世臺會助勢的目的也昭然若揭。但是「挾洋以自重」搞內鬪，只會使對海外倚賴愈深，而本土性則可能愈來愈低。射向對方的箭也命中自己要害，便是此次世臺會予人的最強烈觀感。

（一九八八年八月十九日）

口袋裏各有「彈珠」

童年時代嗜玩彈珠的人一定都還記得一種遊戲，那就是把彈珠放在口袋裏搖晃，令其叮噹作響，然後要對方猜猜看有幾顆，猜不中被敲一下頭，猜中了彈珠全給他。

最近半年來的許多數字遊戲、統計、民意測驗似乎也有點這種味道，每個人只要想「敲」別人的頭，就在口袋裏放一堆民意測驗的「彈珠」，拿出來數一數，便是一陣敲打。

這種彈珠遊戲在國民黨十三全大會前夕最爲盛行，各式各樣的彈珠，紛紛從口袋拿出來，但似乎都飛向行政院長俞國華，當然由於彈珠大小不一，因而所謂民意測驗的「公信」程度，也大打折扣，飽受「工具化」之譏。

如今，陳定南在處理電影院應否播映國歌問題上，也出現口袋裏各有彈珠的狀況。根據行政院新聞局委託教授羅文輝所作的調查報告顯示，百分之七十五的民衆贊同在電影劇院內場場放映國歌。然而宜蘭縣教師工會籌備會也公布一份以宜蘭農工學生爲對象的「問卷調查」，結果卻顯示，贊成陳定南做法的佔百分之七十二點七六，反對的佔百分之十五·九五。

同一件事情，由兩種單位來做，竟出現截然相反的結論，這實在是令人感到納悶不堪，並深深懷疑，什麼叫「民意」呢？

民意測驗的過程，有各種技術層面問題，如交叉分析、避免答案引導等等，因此哪一份測驗正確極難判準。令人感到有趣的是：人人口袋裝着民意彈珠，各自叮噹作響，並爲自己的決策尋找「數字」依據，所顯露的無非是一項事實：很多決策（不管黨內外）的決定，是否具備民意充分的討論，令人懷疑。

（一九八八年八月）

民進黨生日快樂嗎？

一九八六年的九月二十七日，林正杰在連串街頭運動中入獄的次日，黨外人士在選舉後援會會議中，宣告成立「民主進步黨」。這個打破臺灣光復後政黨歷史紀錄的黨，曾經負載着政黨政治的期望，自由化的突破性意義，民主發展的必要功能等等期許。然而兩年過去了，這個黨有沒有更進步呢？兩周歲之際，它的生日會快樂嗎？

答案顯然是令人憂心的。民進黨誕生前夕入獄的林正杰如今爲了黨的發展，發表上黨主席萬言書，但得到的不是公開答案，而是更多的耳語和攻訐。民進黨前身的美麗島「龍頭老大」黃信介曾經在黨外人士的期望與呼籲中出獄，如今是爲了黨主席選舉，全身是耳語與傳聞的「貼紙」，失去「鑼聲若響」的氣概。即使是以「超級戰艦」崛起的朱高正也不免渾身是榮譽與唾沫並存的痕跡。

而事實上仔細審視民進黨的問題，除了反抗色彩的歷史包袱之外，更多的是現實課題。

在經濟上，它既乏黨營企業與資本支持，更缺少足夠的人才去耕耘，而沒錢又乏人的黨在資本主義社會的經營將困難重重。在政治上，它又充滿街頭與議會的論爭，渾忘「民主」政黨的必然功能，而反覆徘徊在「革命政黨」與「民主政黨」之間纏鬪不休。在思想上，多元化聲音的包容力不足，以至於常常出現黨同伐異的一元化支配模式。

曾經負載着多方期許的這個黨已經兩歲多了，當內部的紛擾已取代外部壓力的對抗之後，許多問題浮現而出，卽使是園遊會也很難表現出「生日快樂」的心境。這個黨確實應該進行更具體的社會分析與自我定位，這正如兒童的性格正在形成一般，是極爲重要的階段。若非如此，生日又怎麼會快樂呢？

（一九八八年九月）

你是白的還是紅的

根據政治犯的說法，監獄裏還是有兩種派別，所謂「獨派」就叫「白的」，所謂「統派」就叫「紅的」。每次一有人入監，輒探聽道：「此君是白的？還是紅的？」若聞悉顏色與自己相同，則欣然大悅，甚感親近；若聞顏色不同則立即冷淡排斥。

這種風氣，也日漸由監獄及海外傳入臺灣社會。在政治言談中動不動就有人問你：「你是獨的？還是統的？是白的還是紅的？」如果答案是「非獨」，則立即成爲統派，而統派若非國民黨，就是共產黨，不然就是「大漢沙文主義」。總之，這樣的邏輯是「非白即紅」。姑不論這種「非A則B」「非我即敵」的分法是否合乎邏輯，但其思維方式與人二室忠誠資料中分爲「敵方我方」的判斷手法卻極其類似，都是不太具有多元化、民主化的性格與素養的表現。於是我們看見有人在民進黨內以此二分法分裂出派系，有的演成互毆互打的流血場面。

甚至連原住民也被牽入其中。據了解，原住民權利促進會原本要派人赴西藏考察自治區法令、政策與實況，但因有統派嫌疑而為獨派所反對，而另有主張考察美國印第安保留區。然而這樣思考也還是有問題，因為達賴是宣稱要獨立的，赴西藏豈非變成「獨派」，而美國印第安卻是道地的「民族統一派」哩！

派系糾葛問題弄到這個地步不僅荒謬，甚至是可笑了。因為人終究是人，他首先是社會結構、生產關係中的人，然後才是政治人，而政黨則居於其後，派系更是渺小。但在紅白遊戲中，竟二分為全世界只剩兩種顏色，豈不狹窄太甚，單調太甚！

民主社會本就五彩繽紛，各色雜陳，才會愈見其生活的豐富性。如果硬要排成單色，還談什麼民主運動呢？

（一九八八年十月）

看錢？還是看歷史？

在退職條例應採甲案、乙案而爭執不休之際，一則小小的新聞出現在極不起眼的小角落：「資深立委劉明侯之妻宋傳珍，十四日晚經鄰居發現陳屍於城中區鎮江街住宅，臺北地檢處法醫相驗，認是心臟衰竭死亡，初步調查宋傳珍已經死亡三天，由於鄰居發現房中傳出惡臭方知宋傳珍死亡。北市警城中分局昨天已通知其在美國的女兒以及立委劉明侯返國處理善後。」

這一則新聞，顯示出幾個事實：①資深立委劉明侯居住國外的親人家中。②其妻獨居臺北因而死亡多日無人知悉。③資深民代有親屬在國外者並非少數。

在退職條例應以甲案或乙案通過時，這一則小小新聞令人無限感傷。依據中國民間習俗，死亡前照例都知會全部親屬趕回見最後一面，以爲永訣。然而劉明侯之妻卻獨自在住宅中走向寂寂而終之路。

與這樣孤獨的死亡比較起來，資深立委的退職金到底該採甲案或乙案就變得很不重要了。試問八、九十歲老人猶爲數百萬元在爭執，難道今生還有多少歲月可享受嗎？其實都是爲兒孫謀福利而已。然而爲兒孫爭區區數百萬元，自己卻又以寂寞孤獨而終，這又有什麼意義呢？

當歷史在巨大的轉捩點上苦苦掙扎，而民主化進程又在中央民代退職方案爭執不下之際，資深民代或許應該由「利益的暗角」走出來，把自己置身於歷史的長河之中，讓後世知道自己也曾扮演過有貢獻的角色，豈不比爲兒孫謀些蠅頭之利更有人生價值？

（一九八八年十月）

先生，你忠誠嗎？

撤銷人二室之一

在喬治·歐威爾的《一九八四》小說中，一名發出怨言的人被逮捕刑訊，但他不願承認，直到調查人員由他的檔案資料中查出：此君因童年被鼠咬過的驚嚇記憶，自小懼鼠。於是此君在鼠刑下屈服，無話不招。

這種狀況在民主國家或許不會發生，但檔案資料卻是有類似的東西。根據本報獨家發現的教育人員「密字」人事基本資料㈡，其中包括如下幾項：弱點（易受利誘、易受脅迫、易受激勵），慾望（工作方面、生活方面、其它），私人秘密（秘密事實、守秘原因、揭露後影響）等等。

這些項目列爲表格，實在令人充滿了文學的想像力，有如以表格開列人性弱點與心理分析一般。例如，如果塡寫的對象是哈姆雷特，那麼他就是易受脅迫、易受激勵，而秘密則是半夜常常看到父親的鬼魂前來訴說。

然而，人性複雜萬端，誰能爲你開列「性格明細表」呢？恐怕自己都不見得能開列清楚。問題就出在這裏，這份密字人事基本資料不僅要送教育局人事室，另外還有抄製調查局，而且這些資料可能跟隨着個人的工作轉來轉去，直到永遠。而塡寫的人是誰呢？

塡寫的人，對人性是否有足夠的認識，對生活是否具備判斷力，對別人是否有足夠的性格掌握，都大有疑問。更何況，他據以判斷的標準更是曖昧不明，怎可據以判斷別人呢？

調查別人的人，與被調查者之間，理應以明確事實爲根據，不應隨便判斷別人性格、弱點。試想，莎士比亞專家都不見得寫得清哈姆雷特性格弱點時，誰能判斷別人是否忠誠呢？更何況，誰來問塡寫人一句：先生，你忠誠嗎？

（一九八八年九月）

撤銷人二室之二

沒有什麼文學作品能夠比忠誠資料更具文學性了。它牽涉到幾種文學類型：偵探間諜類、政治文學類、倫理親情類、愛情大悲劇等等。

舉一段來看看。在「密」報資料中有一份「與大陸通信清查表」，塡報日期是開放大陸探親前七年。內文如下：「通信原因：該員近年思家情切，由大陸逃亡在美船員〇〇〇在美期間，代爲轉信，與大陸通信，得悉其妻仍在，遂轉告該員，於七十年〇月〇日轉寄美金五十元給其妻。時間地點方式：於七十年〇月〇日由在美船員自紐約轉自大陸其妻來信，並附其母與妻照片二張，由我（卽佈建人員）親見。來信告知其母已故，美金收到，下半年爲其母修理墳墓之用，並囑該員在外保重。可疑情形：目前尚無可疑之處。」

雖然是短短二百字不到，卻濃縮了間諜片中佈建監視打報告、國家分裂親情隔斷、海外通訊通款曲、老母病逝之喪葬、愛妻叮囑多保重等情節。

而且，這樣的監視通信又分明妨害基本人權，與喬治．歐威爾的《一九八四》相去不遠。實在是非常好的文學材料、人權研究素材。因此陳定南、張博雅下令銷毀忠誠資料實在是一件極魯莽的事。這麼好的文學素材理應予以公布，讓全體國民都有機會與佈建人員一般，分享類似觀賞希區考克電影中「偷窺秘密」的樂趣。而最好的方式當然是由中國人權協會加以保管及辦理借閱，則年度人權報告書就不乏材料了。

（一九八八年九月）

撤銷人二室之三

教育部長毛高文宣告撤銷安維秘書制度後，引起各界關切，咸認爲此一開明舉措將使校園內的人事管理趨於正常化。

然而，經由一位中興大學教職員的檢舉與記者的追查，我們赫然發現原來各大專院校的人事處都存在一個「管理盲點」，那就是由人事行政局委託調查局代訓的調查人員。他們在校園內的身分雖屬人事室，但主要工作卻是進行「政治查核」工作。由於身分特殊，這批人員在校園內的待遇、工作是否如意或稱職，鮮少受到人事處的主管人員所關切與管理。無形中自成一個系統，無人管理，無人監督，也無人加以關心。

如今毛高文部長既然宣佈取消中小學校的安維秘書制度，分佈在大學院校的這羣人遂受到前所未有的關注。依照教育部的說法，是希望他們留在校園中「自行消化」，但他們能否被「消化掉」，卻是一個問題。

再其次，這羣人所做的人事資料是送往校園行政單位作爲人事查核資料，亦或自成系統「另有出處」有如安維秘書一般，也是値得探究的。

在臺灣邁向現代化管理的過程中，這樣一種人事室無法管理的系統，其實是一個盲點。使得人事管理神秘化，從而衍生出無數問題。爲今之計，最好的辦法是：儘速將調査系統人員歸建調査局系統，使人有所歸，有所用；而人事管理則劃歸教育單位人事系統自行管理。否則教育的現代化與民主化將遙不可及。

（一九八八年九月）

撤銷人二室之四

毛高文以清大校長、開明形象就任教育部長以來，對教育體制作了相當多的變革。這些貌似點點滴滴、冗長又細密的變革，表面上看只是教材多元化、教師定位、撤廢安維秘書等業務、人事工作而已，但就一貫傾向傳統權威型教育概念的人們，其劇烈程度實不亞於「變法」。也是解嚴後的教育大變革。

在毛高文的作法中，教材多元化，是對一元化意識形態控制系統的解嚴，撤銷安維秘書是對教師自由思考的解嚴，教師定位於受薪勞工得以組工會，是對人民有集會、結社等基本人權的肯定，也是對傳統士大夫封建身段的否定，這些做法，理應得到教育界人士更大的肯定，從而鼓勵教育改革步伐能加速進行。

然而，臺灣省教育廳承辦單位卻傳出要不要撤銷安維秘書及人二室，權責不在教育廳，也不在教育部，而是人事行政局，因人事是由人事行政局主管。而人事行政局又說是教育部主管。

我們實在不理解省教育廳傳出這種說法根據何在，因爲教育廳的知識水平不應這樣低落才對。在中央爲教育部，在省爲教育廳，在縣市爲教育局，中央教育決策交由地方執行本屬常軌，未料教育廳說出這種「看人事不看政策」的話，要教育部幹什麼？甚至連教育政策都不必擬了。乾脆讓教育廳給人事行政局主管算了。

任人皆知改革不僅需要政策，也需要人力去實踐，如今教育改革剛起步，就遇上教育廳這種只信人事行政局不信教育部的「言行」，眞是令人難以形容，除了潮流中的「頑石」之外，無以名之。

（一九八八年八月）

撤銷人二室之五

正如幾個相關單位都否認有人二室的人事組織一樣，面對人二室所建立的安全、忠誠資料，這些相關單位也一概否認。

於是陳定南所謂的「撤廢人二室」與「燒毀忠誠資料」變成向虛空投擲的標槍，射入一片軟綿綿的虛無之中。

但證據卻又非常明顯，僅宜蘭縣教育局國民中小學教師忠誠資料就有十九大袋及一大紙箱，陳定南下令由代局長莊和雄親臨督導加以銷毀，並錄影存證。

若以宜蘭的十九袋一大箱爲基數，臺灣省二十一縣市加上北、高二院轄市，則全臺灣地區國民中小學教師忠誠資料及相關安全資料就至少有三百三十七大袋，二十三大箱。

而這些僅是國民中小學，尚未及於高中、大專院校，更未及其各公務機構、縣市政府、人民團體……。這麼多的資料，要耗費多少紙張去填寫，多少筆去描述，多少眼睛去觀察，多少腦袋去構思，實在是一個殊堪玩味的趣事。當然，有多少國家預算與資源花費在這上面，更是值得追究的課題。

陳定南燒毀這些資料是否正確有待進一步探討，因為其中不乏與肅貪有關的檔案有待追查，也不乏寃錯假案有待平反；但是最為荒謬的卻是無人承認人二室，無人承認忠誠資料的存在。

花了大筆國家預算建立的檔案，卻是由一大羣無人承認的機構、無人承認的資料所構築起來的虛無之物。於是陳定南好像燒掉忠誠資料，又好像沒有燒，因為沒有一個教育機構承認它存在。於是陳定南好像在燒掉虛無之物，燒掉在這時空中不應存在的東西。

（一九八八年八月）

撤銷人二室之六

安維秘書與各大專院校的人二室終於開始安排「歸建」問題。根據教育部說法，歸建應有幾條路線，其中包括：歸建原調查系統，進入教育部，安排到各校行政系統之中等。

這次人二歸建在人事體系上是一個公文往返與人力資源運用調整的龐大工程，它同時牽涉到校園內人們的互信程度，師生問題的處理，師道尊嚴是否獲得充分尊重的問題。

事實上，各界應該都很清楚人二的問題核心不在貪瀆問題，而是忠誠與否的政治問題居多。如今教育部在處理這件事情上，應更加愼重，因爲它不僅是教育部的問題，更是中央到地方、公營大企業到民間團體所共同具有的問題。

教育部爲維持尊師重道原則而歸建人二室系統，而其他部會如司法院自可以司法中立來處理，財政部可用非關政治來處理，經濟部以經濟事務較單純來處理，餘此類推。

在這種情勢下，人二室及相關人員的心境是可以理解的。往昔獨立成一系統的局面已不復存在，未來前途又不知何去何從，而在民主化、制度化潮流下，此一系統的去向與茫然，不難想像。

此刻，應是調查局出面，並與人事局、行政院方面進行協調的時刻了。畢竟這些人二人員都曾經是調查局代訓，且有所往來的。爲了對這些人員有所交代處理，並辦理歸建事宜，再不出面，實無法解決問題。

站在行政中立與責任政治的原則上，人二室人員的歸建已成不可免的趨勢，有關的部會實應儘早籌劃，使責任分際更清楚，人事管理更制度化，不宜再拖下去了。

（一九八八年十月）

雷震回憶錄風波之一

幾乎每個人在談起過往記憶、歡愉悲傷的生命片段之餘，都會興起「將來一定要寫小說」或「將來寫一部回憶錄」的夢想。這夢想的實踐，百萬人之中，不及其一。其原因大體有二：一是生活家計之磨難，使現實之維艱戰勝記憶的甜美，人們一面創造新記憶，一面在遺忘中前行；一是思想與閱歷之日增，使得認知層面加深，而知己身之渺小，時代大流之洶湧，而逐漸遺忘舊夢。

或許，有這樣幾種人，難求遺忘記憶：一是曾經躍入繁華春夢或時代歷史舞臺，而今獨對孤寂難以排遣遺忘者，曹雪芹、李宗仁等人屬之；一是飽受冤抑，一腔孤憤，著書立說，藏諸名山，以求歷史平反者，司馬遷、雷震者約莫如此。

這樣粗略的說法，或許不足以理解雷震在獄中寫作四百餘萬字回憶錄的心境。但是設想到一個曾經在近代史中躍升進入政治舞臺，曾經著書立說辦雜誌，曾經籌組臺灣光復後第一個民主政黨的人物，孤寂地在獄中，獨對斗室燈火，一字一句，回憶繁華過往，詭譎煙雲的近代歷史與人物，那是什麼樣的滋味呢？何況，他還得面對獄方的干涉、拍照存證等等。其孤憤、孤絕境遇，實難以爲外人理解。

然而，這回憶錄在他出獄時，遭到「取走」，雷震雖抗議，甚至拒絕出獄，但終於無效。而且在今年宣告「焚毀」。獄方尚且錄影來記錄這一段焚毀別人畢生記錄的過程。某監委則說這些回憶錄毫無歷史價值，焚毀無傷。以此類推是只要沒有歷史價值，任何的回憶錄皆可焚毀。但以此類推下去，還有「人權」嗎？同時，人類文明還有「記憶」嗎？

（一九八八年十月）

雷震回憶錄風波之二

監察委員謝崑山發表對雷震回憶錄「不具歷史價值」的看法之後，引起史學界的回響與反應，認爲謝崑山無權對史料下價值判斷，同時，省議員蔡介雄也以存證信函要求謝崑山應對此一說法提出說明。

由雷震回憶錄被銷毀而引發史料、歷史意識、歷史價值的爭論，這個過程首度暴露出一個事實：歷史解釋與認知已無法維持一元化正統論了。

事實上，遠在四百萬字整本回憶錄被焚之前，雷震出獄後重寫的回憶錄早已面世，而坊間各種回憶錄及近代史資料更紛紛面世，包括：李宗仁、張國燾、陳公博、《金陵春夢》等等，甚至史諾所著《西行漫記》也已公開上市。這些流傳於坊間的回憶錄與近代稗官野史，對教材中的歷史正統意識，形成挑戰與動搖的效果。原本由一元化控制的歷史解釋與歷史描述，逐日漸減弱其影響力。

在這種情境下，幾句「不具歷史價值」根本無法說服任何民衆與稍稍讀過史料書籍的人，而且，此一開放趨勢已再無挽回的可能。隨着臺灣社會的自由化與開放化，各種資訊資料的進入與影響，已無法避免，再加上海峽兩岸的民間來往，史實與解釋更加無法全面控制或縮回「原來尺寸」，唯有朝向更多元化發展。因而，與其收縮、甚至焚毀雷震回憶錄，爲的只是回憶錄中「連主義、國父都可以否定」一詞，實在非常不智。因爲身爲國民黨一員的雷震回憶錄的否定，難道會比《宋氏王朝》更厲害嗎？

歷史正統意識與控制，實在可以休矣！

（一九八八年八月十日）

雷震回憶錄風波之三

雷震的夫人宋英是資深監委，但是在面臨調查雷震回憶錄遺稿流向何方之際，她卻無可奈何地對外界表示：監察院的調查不會有結果，一定是不了了之。

曾任監委而辭職的國策顧問陶百川及資深監委金越光也對監察院調查不表樂觀，反而建議宋英走法律途徑。最後，宋英終於委託律師謝長廷代爲處理訴訟程序。

在監察院工作達四十餘年的資深監委竟然同時對監察院調查「不表樂觀」，這是否意味着：四十年生命經驗已告訴他們，監察院是沒有用的？

看看最近的一些個案也不難明瞭這些事。綠島縱火及囚犯死亡案在「星星下臺」聲中始，在「查無弊端」中如流星閃逝；吳勇雄行賄案僅問及行政院人員，當事人吳勇雄沒有面談；蘇南成市政大樓弊案不了了之；購煤案僅涉及臺電幾名退職人員；如今雷震案還沒眞正展開，回憶錄就已銷毀。

到最後，監察院作出彈劾李達海的舉動，被外界視爲「打落水狗」，就不是意外的了。然而，我們還是懷疑監察院有無勇氣「打落水狗」。因爲李達海已表示：坦坦蕩蕩，事情要談就談開來吧！這顯示出層次已不僅止於李達海，恐怕有不少民代、官員也會「被落水狗拖下水」。

在這種情形下，以甚囂塵上的賄選傳聞而當選的監委們果眞敢一棒打下去嗎？到了這個地步，監察院怕已是連落水狗都不敢打的「風信鷄」。也就是只敢站在民意屋頂之上觀察政治風向，且隨風擺盪的「風信鷄」觀察家了。

（一九八八年七月）

雷震回憶錄風波之四

（一九八八年十月）

歐威爾《一九八四》小說中曾描述過：老大哥上臺後爲消滅以往歷史，他大量修改史實，派人清查圖書館資料，凡與老大哥意志違逆者一律予以銷毀、竄改。整個歷史變成老大哥創造的歷史。

這樣的故事在秦始皇時代、淸朝都發生過。現代蘇俄也曾發生過，史達林派出的旨令貫徹地將托洛茨基的事跡與著作竄改、銷毀。大陸四人幫時代，江靑也曾全力整肅熟悉其背景的知識分子。

這種罔顧人權的狀況，本應不該在號稱「民主法治」的臺灣發生，但眼前就有餘燼未熄的個案：雷震獄中回憶錄居然在軍監中被焚毀，而且是在監察院要進行調查之後。這除了「滅跡」之外，實在找不到其它理由。

更可疑的是：這部回憶錄由警總交國防部轉給軍監，然後在新店焚毀，而這過程居然毫無「指令」就由軍監主管下令燒毀。誰會相信這事實呢？

任何人的回憶錄的存在，不管他曾是政治犯或刑事犯，都有爲其個人生命作記錄的特殊價值，誰也無權加以銷毀，頂多是禁止其出版公開發行而已。如今，連這種基本人權都不保時，誰敢保證歷史還有眞實呢？當人的記憶都要銷毀時，還有什麼不可銷毀？

宋英表示，雷震出獄後曾透露他在獄中所寫的任何資料全經獄方拍照存證。果眞如此，這倒是不幸中的大幸，也就是留下了記錄。我們希望國防部能儘快將資料公布，以免留下《一九八四》的印證。

陶百川先生爲此大爲震怒，並建議宋英控告國防部。我們對此一尊重法治的做法完全贊同，並認爲唯有如此軍監單位才會公開出面說明。而更重要的是：唯有尊重歷史、尊重眞實、尊重人權的時代，才能免於《一九八四》中的恐怖景象。這是每個人都不願見到的。

（一九八八年七月）

底層生命的苦苦掙扎

在海山煤礦的災變中，有阿美族人黧黑的雙手；在被扣押漁船的漁民中，有排灣族人期待的眼眸；在八尺門歸航的船舶中，有拎着酒瓶返家的青年；在鍍金工廠的高污染環境中，有雅美族人鄉愁的交談；在華西街黑暗的巷弄裏，有泰雅族清麗初綻的少女；在營建大廈黑暗的地下室裏，有魯凱族嘹亮的歌聲；在登山者百嶽的紀錄碑下，有馱負着重擔的少數民族的身影……。

這些隨時可以耳聞且膚觸的故事，形構成一幅被視爲「山地人」的普遍的形貌，然而，卻是「臺灣經濟奇蹟」中社會結構最底層的形貌。

根據中研院「山地政策評估報告書」的研究，在臺灣歷史及其資本主義化過程中，原住民的生命至少已失去這樣的兩種生產資料：①土地②自然資源。而從文化層面來看，原住民更失去傳統姓氏、傳統文化、生命價値觀等。而總合起來，便是失去其經濟人權、文化認同、政治人權等。

對於弱勢的少數民族進行更周全、更人道、更合乎尊重生命原則的政策性保護，本為國際公約所共認，臺灣亦於二十幾年前簽訂此一公約。然而，在實際執行政策與有關法令方面，卻一直未見落實，連政策層級都是省級的人員居多，而且未見原住民列名其中。理想與現實的距離簡直有天壤之別。這便是少數民族今天走上街頭的根源。

而解決問題的原則其實僅在於：賦予原住民更多自主自治的機會與空間，政府則基於保護立場從旁協助。當原住民的經濟人權與生命尊嚴受到重視時，這底層的悲劇生命在街頭的苦苦掙扎與吶喊，或許才有結束的一天。

（一九八八年九月）

歷史扭曲的傷害

對不少原住民青年而言，吳鳳和他的故事一直是成長過程的夢魘。原本和平相處的平地、山地小朋友們在上過吳鳳這一課之後，會突然向山地小朋友說：「你們原來是獵人頭、殺人的壞人！」

這過程像利刄一般傷透每個原住民青年的心。根據學者研究，此種歷史認知的片面與不眞實，將導致原住民族的族羣自我懷疑：懷疑族羣祖先的正當性與合理性，更懷疑自我血緣關係中隱含同樣的成份。人格因而易於形成自卑、怯弱、認同的質疑等等，與此同時，對漢人而言也會形成認知圖象的扭曲，他們對原住民也會持誤解的態度，在過度的驕傲而輕鄙中，喪失平等、和諧的原則。

從吳鳳的故事來看，受傷害的將不僅是原住民，漢人也同受這不眞實的故事所傷。其結果卽是：過度的大漢沙文主義與過度的地方民族主義相抗爭，而失去人的平等對待的原則，以及政策思考的公平性。

吳鳳的故事迭經史學專家的研究，大致已獲定論，教育部也已從國小教材中加以取消，但遺憾的是，此一傷害的意識形態遺留仍未能從人們腦海中消除，以至於昨日吳鳳鄉更改鄉名案在鄉代會的討論中，竟爆發爲會場凝重的氣氛與嚴肅的對峙。最後此案付諸表決之際，平地籍代表全體離席抗議，此案獲得通過。

在教材中刪除吳鳳的故事，以及更改鄉名一案，或許只是一個歷史還原的小插曲，但爆發爲平地與山地代表之爭，的確令人感到遺憾。然而，如果歷史的眞貌無法顯現，扭曲的傷害變成大漢沙文主義與地方民族主義的對抗，勢必使社會和諧更難達成。因此與其爲正名而爭，倒不如爲歷史而爭，才能獲得各民族間持久而穩定的和諧。

（一九八八年十一月）

銅像與假歷史

象徵着原住民心理癥結的吳鳳銅像，一九八八年最後一天在嘉義市火車站前終於被原住民、長老敎會人士及民進黨人給扯了下來。扯的方式是以電鋸將吳鳳騎馬銅像的馬腳鋸深，再以鋼索捆綁後，用貨車拖拉，吳鳳銅像便被拖下摔毀。

這一場頗具戲劇性的衝突還包括了警民衝突、逮捕肇事者、包圍警局、放人等過程。但最重要的仍在吳鳳——這個象徵漢人以扭曲歷史故事來改造原住民歷史的人物及其紀念——終而宣告其紀念意義的完結。

雕像，作爲一個符號，在每個時代中存在，皆有其意識形態的意義。秦始皇爲其地下帝國而建造的兵馬俑，即是其窮兵黷武的思想的反映，而孔子銅像則是儒家一元化思想的社會反映。從雕像量的多寡及其象徵意味，我們實不難側面地觀察到某一時代的精神、社會面貌。而同時，雕像的存在與轉變，也是時代精神轉變的徵兆。

作爲一個強調各種族一律平等的國家，吳鳳的銅像及其故事所隱含的意識形態，其實是極不恰當且具有侮辱、傷害原住民的意味的。更何況幾年來的史學研究結果也一再證明吳鳳的故事是日本殖民主義者爲開發臺灣山地林野而設的理蕃政策中，所塑造的一個假歷史，其目的在用假歷史製造假意識，從而達至統治目的。當臺灣由日本殖民者手中光復之際，這段假歷史早就應予倒轉，回復眞實，從而使漢族與原住民達到眞實的互相認知。但是並未這麼做。這幾年來，原住民運動興起之際，曾傷害原住民心理甚深的吳鳳的故事終於被提上檯面，成爲焦點。國小課本要改，但吳鳳廟、吳鳳鄉、吳鳳銅像都還在，衝突根源埋着，終而演成昨日的衝突。

吳鳳銅像的完結其實只是無數假歷史、假意識被倒轉的案例，如果政府早做處理，自行改變，事情就不會發生得這麼難堪了。

（一九八九年元月）

人歸人　神歸神

神話的產生，必然有其物質的、政治的、文化的基礎，尤其一些近代創造的神話，因爲由封建社會向近代轉型，更易於充塞荒誕不經，不可置信的性質。日皇的「神人格」是一例，偉大領袖童年看魚是一例，吳鳳的故事更是另一鮮明例證。

日本殖民統治的資本主義化政策之一的山地林野開發政策由於對臺灣山地不熟習，因此僅能求助於原住民。而爲使原住民順服其統治，又將原本一介平凡的通事吳鳳的故事加以擴大、變形、神化，使之成爲「殺身成仁、捨生取義」之神。

日人建立此「神」的意識形態作用至少有二：對原住民而言，吳鳳代表的是文明、進步的善心者，其功能在幫助原住民改善其殺人的不仁陋習，因而原住民應由落後野蠻狀態接受外來開發，以改變其落後生活習性。這種意識形態傳達其實正與日人之發動大東亞戰爭中所提的「將亞洲人由白人手中拯救出來，建立大東亞共榮圈」是互爲表裏的。而對漢民族被統治者而言，則因吳鳳神格化的提高而獲得另一種心理補償，甚至成爲日人開發山地林野的助力。

此一神話發展的結果卽是阿里山鐵道的設置及阿里山「神木」（卽紅檜、扁柏等高級林木），被開發送到日本蓋神社。

如今，人類學者陳其南等人已證明吳鳳是一個神話，而這神話又使原住民、吳鳳後裔、政府公權力遭受傷害，我們實在不明白政府何不明令取消此一神話。讓吳鳳還原爲人，爲其後裔的祖先，而不是日本殖民政策的神話遺留。

或許，要破除神話的困難卽在於神話一經建立，卽告「異化」爲另一存在，反過來限制現實的發展，這正與「法統」限制國會改革是一樣的。

（一九八九年元月）

儘早開辦山地健康保險

臺灣省農民健康保險今日起全面試辦，依據估算約有六十九萬人加保，此一保險政策對農民而言，意義的確重大。然而在光復節這一天，我們仍要提醒當局，還有許多受苦的弱勢人民尚未受到足夠的照顧，其中最大的族羣是原住民。

昨日立委吳梓建議內政部應主動儘早籌辦山地保險，並將山地行政科提昇爲山地司。吳梓指出，全民保險是政府決定要走的方向，而農民保險已經提出，內政部應在山胞尚未提出要求時，主動籌辦山胞保險。他並估計若扣除已加入公勞保人數，需保險人不會超過十五萬人，經費應該不多。

我們贊同吳梓的此一提議。回顧日據時期歷史，原住民的抗日意識並不下於漢族。日軍領臺之初，花蓮一帶原住民的抵抗，史家早有記載，而震驚中外的霧社事件，更是全力抗暴的象徵。

然而，時值霧社事件六十周年將屆的此刻，原住民問題反而加劇其嚴重性，他們已然由山村向平地流落，男性成爲平地勞動力市場的遞補來源，例如成爲礦工、營造工；而女性則成爲女工或暗巷中被販賣的人口。此種劇烈變遷，實與山地社會的貨幣缺乏有關。在資本主義社會中缺乏貨幣的山地社會注定了要逐貨幣而流離一途。而如果家境遇上困難，則除非賣田地或賣子女之外，別無取得現金的可能。有不少原住民少女即是因家中有人生病無錢就醫而走上販賣肉體之路。

當農民保險在今日全面試辦之際，我們希望政府應儘早籌辦山胞的全民健康保險，這雖然不能照顧山地經濟與社會發展，但至少可以使原住民家庭健康有最起碼的保障。

（一九八八年十月）

最悲哀的陳情書

全省各地的盲人按摩業者今天上午赴內政部、立法院、勞委會遞陳情書，希望主管機關勿再漠視盲人合法工作權益。

這項來自盲人的陳情行動，如果由一般街頭活動來看，實在不足爲奇，是弱勢團體爭取生存權益的一環而已。然而，若是放在社會結構中來觀察，卻可發現這一支隊伍是向這社會遞出一張最悲哀的陳情書。

任人皆知，檢驗某一社會的福利制度是否健全，只要觀察該社會政策對殘障、弱勢團體的保護照顧是否周全，卽可得到指標性的答案。

然而，今天盲人走上街頭了，而他們抗議的並非殘障政策或政府照顧盲人不周，而是連政策都談不上的另一條文——內政部頒定的「警察機關查處妨害風化行爲執行規定」。這項妨害風化執行規定照理不應與盲人有關，但是由於該規定使得把過去視爲色情的按摩行業視爲正當服務，不屬違警行爲，使明眼人可光明正大進出飯店進行按摩以及其它交易。如此一來，盲人的工作權就遭到了相對剝奪，生存威脅的日益加重，最後只有走上陳情一途。

有關如何保障殘障者工作權、生存權的文章其實已不計其數，相關的法令雖有不算周全的訂定，但還算聊備一格，但問題是根本沒有人去嚴格執行。以至於殘障者的生存不僅先天弱勢，在社會結構中更處底層。

盲人走在街頭的景象，其實不僅是對政府決策的最嚴厲批判，更是向這社會遞出的一份最悲哀的陳情書，也是令人無限傷感的指標。

（一九八八年九月）

克拉瑪對克拉瑪

臺灣有許多現象是會令理論專家們跌破眼鏡的。股票是一例，林園石化王國危機是一例，眼前的警察人權促進會又是一例，而且是前所未見的。

在一般理論中，警察是國家維持法律、社會秩序的力量之一。而且相對於各種公務機構，警察是一「強制性力量」，以強制性手段對內維持國家權力的運作。然而，警察如今也要走上街頭，以維護其人權，這又暴露出警政結構內部的什麼問題呢？

它至少有這樣的問題：

①在人事管理上，警政的管理已出現弊端。例如執勤時間是否過長、執勤態度是否恰當、輪班制是否合理、命令的下達是否不正確、人事升遷是否公允等等。

②警察自身角色的確定與質疑。尤其隨着各種社會運動的發展與街頭活動頻繁，警察對自身的角色與任務會產生質疑。一位農村子弟的警校學生在面對農民抗議活動時就曾說：

「我父親也是農權會的。」至於若是在現場逢見父親要怎麼辦？他說：「我就在後面挨挨擠擠，不要到前面去。」

③警政機構的基層溝通管道有困難。換言之，警政單位只有上對下的命令，而沒有下對上的充分反映，以至於出現警察人權的缺失。

警察要成立人權促進會，目前已引起警政機構的緊張，這正如教師人權促進會成立之初是一樣的。但是如果往深處一想，或許我們會輕鬆一些。因爲如果警察上街頭舉着「不要對警察抗議，不要警民衝突」時，或許民衆會更加了解警察的心聲，而街頭對峙丟石頭、丟雞蛋的情況，也會消失也說不定。我們只是不知道，若是警察上街頭遇上另一批警察時，情況又會怎麼演變？

（一九八八年十月）

電影院播國歌的商權

剛剛銷毀掉「忠誠資料」的宜蘭縣長陳定南再度「出招」，昨日通知宜縣境內各電影院停映國歌影片。陳定南所持的理由是「省新聞處長表示未查出法令有此規定，而電影法施行細則中也沒有類似條文。」

另外陳定南所持的現實理由則是就劇場環境、影片內容及觀衆反映等三方面衡量，在電影院中唱國歌有失莊重，尤其農村型態之社會爲最。

陳定南的說法，相信大多數影迷及上過鄉鎮戲院者一定深有感觸。以臺北市而言，不少影迷常在電影院外抽煙，等候國歌放映完畢後始行入座。而一些老舊社區如萬華、社子、士林等地戲院，觀衆更常常在國歌片放映時不願起立，坐在椅子上兀自聊天。國歌的莊重意味與團結民衆理想，幾乎蕩然無存。

而最爲不堪的則是一些「限制級」或專門播映色情影片的戲院，當國歌以莊重肅穆的氣氛歌唱完畢，接着卽是不堪入目的赤裸裸鏡頭。強烈的對比，除了令人感到沉痛之外，更有反諷及荒謬不堪之感。三流戲院已如此，更不必提牛肉場、歌舞團之類的劇院，開映前以電吉他、小鼓形式地表演國歌了。

依新聞局長邵玉銘的說法，戲院在放映電影前播放國歌是要使民衆對自己國家有認同。如果國家認同要在電影院中完成，政府似乎過於缺少自信，加之如前述之各級小電影院狀況，則除了傷害國家所應具有的尊嚴莊重意義之外，實在也看不出有「認同」的效果。

電影播放國歌只是一種愛國的形式，今天爲了堅持形式的普遍性而成爲愛國的反諷時，此一形式有無存在價值，頗值得商榷。

（一九八八年十月）

點召制度有待檢討

實施已有數十年的點召制度，於去年中開始實施後備軍人團體點召，針對個別團體、公司、行業進行集體性點閱召集。此一制度的設計旨在使點召制度能因不同職業、團體的差異而實施不同教材，其立意顧慮不可謂不周全。

然而問題卽在於該制度使得許多團體、行業因大批技術員、工作者被點召而無法正常運轉，更爲嚴重的則是以前的「代點制度」因執行單位僵化，運作失靈，使被點召的後備軍人備受南北奔波之苦。

對於點召制度的存廢問題及運作事項，我們不打算在此討論。我們想談的是點召制度與當前經濟發展、社會現實的脫節之處。以當前臺灣的資本流通之迅速，各種資訊速度的需求來看，無疑地臺灣社會正由發展中國家躍向已開發國家。而已開發國家的特徵卽是對時間的高度運作效率。電腦、傳眞等都是因應經濟高度運轉而生的產物。尤其像股票、外滙買賣、期貨、外貿、資訊等與國際事務相關的行業，更是重視時間及人力的有效運用，如何高效率運作以提高生產力也是臺灣未來的課題。以此反觀點召制度，則動員大量各行各業的勞動力集中於一處，去聆聽一天訓詞及政治課程，不免令人有浪費勞動力且違背經濟發展規律的疑問。

再就點召制度的課程來看，又以政治課程最多，且因拘泥於戒嚴時期一元化色彩，與當前政府多元化的政策並不符合，因此效果並不彰顯。再加上大量勞動力浪費於南北奔波的人力、財力，則對老百姓所造成的不便及點點滴滴積累起來的花費不知凡幾。

有人形容這是「爲年底大選舖路」，但如果造成不便民又不符經濟效益，則政治目的仍難達到。因而點召制度，實有大幅檢討的必要，否則得到的可能是反效果。

（一九八八年十二月）

女性不僅是勞動力

此間五個婦女團體於昨日發表聲明，抗議國內保險業出國進修辦法規定僅限男性有報考資格，違反憲法「男女平等」之原則，且漠視人民工作權。

事實上，保險從業人員出國進修辦法只是當前各種男女工作不平等的一端。其他並未列諸條文的行政命令、公司內規、不成文規定不知凡幾。這些並未被清理出來的違憲規定，認眞加以追究，其實隱含了一個核心問題：即女性作爲勞動力的思考，因而必須受此一原則所制約。基於對勞動力的便宜需求，大量女性投入到紡織業、電子零件加工業等等；基於女性婚後的生產將影響生產效率且增加勞動資本付出，女性薪資被壓低，且某一些行業限定未婚女性；又由於封建社會男女分工傳統的束縛，現代的女性勞動者同時必須付出大量心力於家務，因而會影響其工作性質（如限定於秘書）及升遷。

此種將女性視爲單純勞動力的思考模式，再配合女性生理體質的限制，自然形成爲當前成文或不成文的歧視女性的規範與做法。然而，若是以此單向思考來處理，必然造成對女性極大的不公平待遇。因女性生理與生育子女的必然，也同時是社會存續的一部份，若是捨棄此一部份而將女性僅視爲勞動力，必然會造成社會的不平衡發展，它將發展爲生育數目減少、子女教育不良、生活品質降低，並衍生出各種社會問題。

職是之故，婦女的保護，尤其在雇傭機會均等的原則上，我們主張政府應立法予以特別保障，以使女性工作者有法的保護，並進而藉以消除各種歧視性法規。再其次，則是超越女性作爲勞動力部份的「婦女福利基本法」，其目的應在保障女性之基本人權。但是，這種立法僅是消極性的，最重要的仍在於將女性視爲與男人平等的人，而不僅是勞動力，這才是根本所在。

（一九八九年三月）

英雄的失落

空軍中校林賢順經證實係「叛逃」之後，已再度引起震撼，軍方表示眞實原因正在調查中，而各媒體則針對林賢順個人的家庭、感情、賭博、不良嗜好等展開報導，一時之間揣測紛紛。

對此次林賢順叛逃事件，有的說是「停飛」及升遷管道問題所致，有的則說是婚姻問題所致，但在衆說紛紜下所呈露的毋寧是軍中教育的問題。最近不少軍校的招生廣告在電視上頻頻出現，其中尤以兒童帶着崇敬、欣羨的眼神，注視其父親的軍服令人最爲印象深刻。這一幅圖景其實正是塑造「英雄崇拜」的意識形態。此種意識形態事實上是貫穿軍事教育的總體精神表現。不知有多少青少年是懷着成爲英雄的心情去投考軍校，準備沙場決戰青史留名的。

然而，現實的情況是：臺海兩岸關係在開放與交流中漸趨緩和，「敵區」成爲民間投資設廠的所在，「敵人」成爲必須區分共產黨員與一般尋常百姓。這種種變化無疑對軍事教育中的英雄崇拜及其相關的殺敵報國意識形成衝擊。英雄的失落，極易使軍人成爲一單純的普通職業。然而作爲一個單純的職業，其人事管理、升遷管道、薪資報酬，當然與傳統的軍人管理大不相同。換言之，今天軍人需要的是更實質的薪資的大幅提高、升遷福利的保障等等，而不能再以英雄意識形態要求其犧牲物質享受來報國了。

這些實質的結構性問題才是我們在面對林賢順叛逃事件時首應面對的。將每一次事件都歸諸個別偶發是不夠的，在新的時代中，軍人角色與定位似乎必須作新的調整了。

我們仍在人權建基階段

在世界人權宣言四十週年紀念日的今天，重新審視幾項爭取基本人權的社會運動，從而在其中尋找出人民所要的人權何在，人權的磐石何在，應具有一定的意義。

就勞工運動來看，勞資爭議雙方的衝突實導因於工人法定權益的受損、團結權的遭剝奪等，遂改發爲工會改造運動、工會串連等等，而其要求亦無非改善勞動條件（如工資、工時、休假、福利等）。這顯示出勞工運動的要求在經濟面上佔主要地位。

再就農民運動來看，各地農權會所提出的要求主要是：農產品保價、農保、農業收入、產銷等問題。換言之，是牽涉到農民經濟生活爲主要矛盾所在。

環保運動則較爲廣泛。除了在賠償等經濟層面外，更重要的仍在防污設施、污染源的關閉、法令保障等。環境人權也同時影響到人身健康等問題。

原住民運動以「還我土地」爲主要內容，其要求亦爲提高原住民土地權，以保障其生存權，從而達到保護少數民族文化、社會之目標。它如教師人權亦與教師應聘、工作有無保障為主要目標，基本上仍是生存權的保障。

從以上這些個案來看，我們即不難明白，任何一項人權運動的基石仍以「生存權」為中心而展開。而生存權又與經濟生活之改善與保障有關，所以人權的基礎實是由經濟人權的保障開始的。

從這個觀點來反省，我們不難發現目前的人權要求僅僅是受損權益的追討與補正，仍是在基礎階段，距離人權宣言所揭櫫的理想，還有極長的一段路要走。現在，仍只是一個開端。

（一九八八年十二月）

人權 是爭取來的

今年的國際人權日，有着系列活動。臺灣人權促進會舉辦數場演講，及遊行活動，探討人權的文章也相繼出現。看起來，是相當的豐富，且較之往常僅訴求於「政治人權」的狀況，有了更進一步的開拓與發展，關心層面已延伸到社會人權（即教育、文化、環境、勞工、農漁民、婦女、殘障者、原住民等）的更深入課題上，這毋寧說是一種進步吧！

然而，一個社會要發展到由政治人權轉而重視社會人權是多麼艱困而漫長的路啊！省視這幾年來的社會運動即可明白。勞工運動在各地的工會改選風波、調職資遣案、勞資爭議案、罷駛風波等等，然後，勞工才掙得多一點點的法律保障下的基本人權，但被傷害的權益，恐怕要更多。

而由農民運動來看，歷經風起雲湧的動員、串連、五二〇、內訌之後，終而在斑斑血跡中，逐步沉寂，轉而向政策面訴求。另外，如環境保護運動亦然，是歷經了多少次自力救濟、街頭抗爭、圍堵、人身污染、中毒死亡等事件，才逐漸形成目前初步的環保觀念及政策法令轉變。

它如原住民運動、婦女運動、教育人權、老兵返鄉運動等等也莫不如此，都是歷經了壓力與街頭才逐步引起重視。而一般視野，也逐漸由政治人權擴大爲更多、更廣泛的觀照。可注意的是「客家人還我母語運動」與原住民還我母語、姓氏的運動，都標誌着文化人權上的發軔及發展，因而有了另一層開拓。

省視這一段社會運動與人權發展的關係，我們即不難發現「人權」這憲法中保障的最基本權益，是積累多少人力、心力、血汗、金錢、代價所建築起來的小小基礎啊！它也同時證明了：人權，不是被給予的，而是爭取來的。

（一九八八年十二月）

鏡子與責任

不要責怪鏡子

國建會政治社會組學人昨日突然話鋒一轉，對新聞界報導的公正性提出質疑，臨時改變議程，當場邀請記者進行「溝通」，討論新聞界的自律問題。

同樣是昨天，王永慶在接見宜蘭地區歡迎臺塑六輕回心轉意的民衆時，也對近來備受輿論界抨擊的污染問題說：「以前並沒有不好。」他並斥責記者是「公害」，媒體是「社會污染」。然而對記者追問：「是不是記者以往報導臺塑製造污染的新聞，與事實不符」時，王永慶隨即以「不要講」回答，並憤而離席。

這兩則指責新聞界的訊息，不免令外界懷疑是否新聞記者已成爲公害？成爲不知自律的一羣「製造業」、「修理業」或「屠宰業」？

然而，國建會被抨擊爲「政治大拜拜」是存在多年的事，「學人」之中不乏各駐外單位、相關機構的酬庸，使其返鄉一遊，也是事實。即使學人中有甚多學有專精者，但在國內言論尺度開放的趨勢下，國建會功能的退化也是有目共睹。新聞界盡職反映事實，與「自律」何干？

王永慶的說法也是一樣。以往的污染是有目共睹的事實，環保局資料俱在，臺塑本身增購防污設備也是事實。記者至多只是反映污染事實而已，談「製造」恐怕未必。

新聞報導其實只是一面鏡子，經過人的觀察與報導，或許應有無法完全反映全面現實的限制，但至少它是以現實爲根據的。因而，與其責怪鏡子反映出來的現實醜陋難看，不如去責怪現實的醜陋與不美，並加以改正才是正途。否則，一個失去反觀自身面目的鏡子的社會，還眞不知自己是什麼長相呢！

（一九八八年八月四日）

新聞自由的社會條件

從一九八八年一月一日迄今，報禁開始解除。最初解禁時的「戰國時代」雖在各界預料之中，但火拚的場面並未如預料中出現。媒體內部結構的自我調整亦未大幅改進，但最大的改變恐怕是媒體對外關係的調整。

這種對外關係的調整事實上與社會脈動及政治上蔣經國總統的去世有極大關連。強人的辭世使得一元化領導中心隱伏的結構性矛盾凸顯而出，權力的重分配亦使政治人物無法僅憑內部分配來獲取位置，更多的是藉由媒體造勢。李登輝總統被推舉爲國民黨主席即是一次典型的反映。

與此同時，原本被政治一元化結構封鎖在外的新聞工作者也獲得轉機，藉由此種矛盾態勢進入更內幕之中。李登輝的登上黨主席與國民黨十三全內幕的曝光，都是例證，也是社會相對開放的表徵。

然而，新聞工作者也因而遭遇了前所未有的毀損與批評。有時被抨擊「報導不實」（如立委黨部對國會記者的聲明），有時被形容爲「修理業」、「屠宰業」，有時在羣衆運動場合中被警察打傷（如五二〇事件），有時被羣衆一方打傷（如五二〇及行憲日新國家運動）。這些事情一方面反映了媒體是否公正客觀的問題，另一方面更反映報禁開放，朝野雙方尖銳對立的立場者對公開化、透明化的不適應。

簡言之，目前媒體的情境其實是與社會條件相適應的產物，只不過有的早一步，有的晚一步而已。這令人想起馬克思論哲學的一句話，而將之改換爲新聞自由，便可這麼說：「新聞自由在一個國家實現的程度，決定於新聞自由滿足這個國家的需要程度。」這才是癥結的所在吧！

（一九八八年十月）

鏡子與責任

解嚴之後，隨着報禁的解除，各種政治黑盒子的解開，各種原本封鎖在大院深牆之內的內幕、內證、醜聞逐一被記者所追逐報導。再加上政治權力由老一代向新一代轉移過程中的權力競爭遊戲爲各界政治人物所熱中，於是爆發爲種種內訌、內鬥、派系、黑函等光明或不光明的較勁形式。這本非異常現象，而是權力爭取的必然。然而，這些事一經報導，當事人常常是無顏面對眞實的模樣。於是反過來責怪報導者與媒體。

立法院及監察院發生的兩件事就充分表現出此種「見不得人，反而怪別人看見」的推卸責任做法。其一是執政黨立委黨部針對集思會與立委周書府衝突一事發表公開聲明，指稱「有關近日各報報導本院部分委員之各項事端，與事實不符，已造成嚴重傷害，殊感遺憾！」這話的意思就是說每個記者都沒看到眞實，報導都是說謊。其二是監察院的黑函風波，原本一些監委都分別判斷可能與召集人選舉、選罷法修正，或調查案中的「仇家」所爲，但後來竟由監院職員轉而懷疑有可能是記者散發的，記者與媒體又成其爲「惡源」。

這兩種對媒體與記者的指責，其實極易辨明。周書府與集思會在立法院的議場上衝突，人所共睹，有立院錄影帶可查證，而各報記者也無非是大家都看到、寫到，如此而已。誰在說謊，非常清楚。

而監院的黑函及監院名譽如何，也是無庸贅言，有目共睹。如今，執政黨立委黨部與少數監委對記者的指責，莫非是「長相」不好，而責怪鏡子麼？

我們希望立委黨部及監院應好好自清，否則再怎麼把責任推給報導者，也無法解決內訌、黑函的內部問題。何況，生就一張黑臉而怪鏡子照出黑臉，天下有這種事嗎？

（一九八八年十二月九日）

媒體爲何不實？

行政院政務委員沈君山於上週院會中，建議就媒體不實報導，公佈媒體名稱、記者姓名以收警惕之效。這項說法，目前各部會首長看法不一，然而它至少引起若干反省：①媒體爲什麼會有不實報導？②不實報導的社會根源何在？③官方有無發佈不實消息，導致媒體與官方之間互信基礎的喪失，從而使記者不相信官話而寧可多方求證，再自下判斷？

長期以來的臺灣政治權力結構一直是一個封閉的權威系統，它迥異於西方開放的民主政治之處，便表現在對媒體的排拒上，以至於我們未曾見到政府首長友善、主動地對媒體表達自身的政治理念、權力關係、錢脈與人脈。其結果造成記者爲了讓民衆有知的權利，唯有佈線搭橋、捕風捉影、四處打聽。也正因四處打聽，小道消息特別豐富，失誤失實當然在所難免。

這種情況，在蔣經國總統過世之後的一段時間尤其明顯，所謂「國民黨內部權力鬪爭」

的報導乃四處浮現，似眞似幻，難以分辨。然而被報導爲派系的主角從未正面對媒體說過眞話，應是造成報導失實的主因，是媒體不實？還是官員不實？實在難下斷語。

在國民黨十三全前夕，爲了中委選舉的競逐，黨、政、軍各路人馬曾頻頻接受訪問，其原因也不外要在開放社會中利用媒體來建立聲望，厚植權力基礎而已。如此，則媒體似乎也有被利用作爲權力競逐的工具之嫌。當時這些人爲何不對媒體的缺乏眞實性予以批判？

在愈開放的社會中，不實謠言與不實報導便愈益減少；反之則不實報導會愈多。最近國防部在林賢順事件中與軍監暴動事件中所表現的態度，便是最佳的印證。因而要有眞實誠懇的媒體，也必須要有眞實誠懇的官方資訊。否則，互責不實，對整體社會進步，毫無助益。

無可抑制的父母語

在社會語言學上，曾對「語言感情」有這樣的描述：使用某一種語言的社會集團（一個民族、一個部落、一個地區、一個方言區等）對自己的父母語都擁有強烈的情感，卽稱之爲「語言情感」。它有如下兩種心理狀態：

一、這集團在不講它的父母語的社會語境中，強烈地感到要用它的父母語來交際。比如山東人在臺北、閩南人在美國等等。

二、任何一社會集團的成員，雖然掌握另一社會集團的語言，在一般情況下，他總會認爲唯有使用他的父母語對話，最能表達他的感情，尤其在心情激動時，父母語更會脫口而出。

這二種心理狀態是社會語言學上共認的人所共有的心理，也是無可遏止的。同時，語言的基礎亦非常悠遠、長久，是歷經千百年世世代代在共同生活、共同使用的交際工具，因此孕育了物質的、歷史的基礎。它同時標誌着個人的血緣、歷史、文化、地方等的位置。因而父母語不僅是自我認同的一部份，更是人在歷史與社會的縱橫坐標中，尋找自我定位的基石。

從社會語言學的角度來看當前臺灣語言政策的缺失與母語運動的根源，就較為清楚了。首先，是執政當局錯誤地將語言感情視為地方主義的表徵，因而將大一統語言的推廣，對地方語言感情的削減視為思想的統一。此種錯將交際工具當意識形態的做法，便是幾年前設「語文法」的理論基礎，但歷史與事實已證明根本行不通。

然而語言大一統政策過度擴大的反效果卻已出現。朱高正講「媽媽的話」與某些政見會出現的「閩南語沙文主義」即為證明。而這兩者都同時犯了將語言當思想、漠視語言感情為人類基本心理的錯誤。如今，客家人還我母語運動應是對語言政策與「閩南語沙文主義」的一種提醒，一種訂正。

（一九八八年十二月）

母語運動的醒示

由客家權益促進會所舉辦的「還我母語」大遊行於一九八八年十二月二十八日舉行。這一場近年來少數的大型運動在羣衆基礎、主題訴求、社會影響上，將與其它社會運動不同，因而殊值得矚目。

首先就羣衆基礎來看，它與工運、農運的最大不同是並非屬於一定社會階層；與政治運動的不同則是並非全爲反對派人士，而包括了多數執政黨內人士。換言之，此次母語運動的羣衆動員從執政黨到反對派，從上階層到下階層都有，因而是一個「語言族羣」的動員。

再就訴求主題來看，還我母語運動是既非政治亦非階級性的語言族羣的文化運動。它所要求的只是在大一統語言政策中採取多元做法，因而調子是相當低但可實行的。

然而，更重要的關鍵點恐怕在於此一語言族羣運動所引起的另一種政治影響。尤其在民進黨內部分人高舉「臺獨」標誌的此刻，客家人母語運動應是深具醒示作用的。事實上，臺獨聲浪與新國家運動在最近的連串發展中，已逐漸傾向於「福佬沙文主義」，在許多政見場合或羣衆場合中，以閩南語高喊「臺灣獨立萬歲」及「講臺灣話」的要求，已使得臺獨漸漸有福佬法西斯傾向，如此一來，作另一語言羣的客家人，心中又作何感想呢？

客家人母語運動與外省人返鄉運動對臺獨口號的吶喊者所應具的醒示作用因而是：除開各種政治神話，臺灣仍具體存在着四百萬客家人及二百五十萬外省人，這廣大人口族羣並非一種盲目口號就能否定的，而是具體的活生生的存在。在這一層思考上來看，客家人母語運動有一定的意義，它要反對的恐怕不只是當前語言政策，也包括了福佬沙文主義的語言口號。

再其次此種客家人語言運動擺在臺灣的社會環境中，應可視爲是繼朱高正講「媽媽的話」等閩南語要求之後，另一語言族羣對當前語言政策的批判。

事實上，母語的消失並非僅在客家人之中存在，臺語、客語、原住民語等各種地方方言也存在同樣的困境。這一方面是緣於政府曾強力推行國語政策，並進行各種媒體之語言限制，使語言趨向單一的發展之故；但另一方面亦與社會變遷有極大關係。

語言，作爲一種溝通工具，僅止於是溝通的工具，本身並不承載任何意識型態，因而執政黨曾過度地將語言視爲意識型態，其實是一種理論上與實際上的謬誤。這種過度控制的作法終而導致今日各語言族羣的抗議。

再其次，語言本身亦是一定社會條件下的溝通工具，因而必然隨着社會變遷而變化。原住民語言中有許多因應社會變化而來的日語、國語等外來語，卽其因其語言中並無某些對現實的解釋描述能力而不得不使用。客家語、閩南語之中亦是如此。因而，語言必然會隨着一個社會資訊交流的愈益複雜繁密而趨近於同一。而部分地方語言也極可能因此而日趨沒落或消失。

客語運動擺在臺灣社會中來觀察因而不應僅停留在一語言羣中來觀察，而是在一個資本主義化愈益深化的社會中，執政當局不僅不應以一元化語言政策壓縮地方方言，更積極的做法是如何以雙語教育，開放地方節目等作法，來保存地方語言。這也是臺灣社會未來要面對的課題。

（一九八八年十二月）

大家都要特效藥

八一六蕉農抗議行動傳出之後，各方反應隨之而起，青果合作社舉辦各地說明會，農委會表示關心舉辦香蕉果汁品嚐會以爲推廣，而學運團體則又投入各地進行鼓吹工作。

至於農盟申請遊行一事，也如往例一般，與市警局折衝協調解決遊行路線。

像這樣的「示威遊行」個案，幾乎已成爲臺灣社會的「特殊模式」。平常隱而未發的問題，只要一經宣告要以「上街頭」方式進行，便立卽產生效果。幾個主管單位，紛紛拿出辦法與說法，以緩和上街頭所帶來的壓力，有如吃特效藥一般。

然而，特效藥雖能見效於一時，卻無法解決長遠的結構性問題，而且可能變成慣性倚賴，藥量愈吃愈重。

以近一年來愈益頻繁的各種街頭活動來看，民間的反應卽日漸趨於慣性，也就是問題若是拖得無法解決，就有走上街頭的想法，甚至付諸行動。工運中層出不窮的怠駛案，國營企業勞工的遊行，計程車業者的遊行都是如此。農業問題也相彷彿，蕉農面臨香蕉餵牛甚至傾倒掩埋時，僅聽到各種農政單位的歎息聲，卻未見具體的下鄉溝通或解決辦法。如今傳出要上街頭，壓力轉大，對應的辦法也就出來了。

有關單位的此種做法，在某一方面而言，確實有舒緩壓力的作用，但長遠來看，卻易養成民間的「特效藥反應」，大家都希望取得特效藥來吃。但眞正問題根源卻難獲解決。而我們想問的卻是：什麼時候有關單位才能開出治療病根的藥方呢？

（一九八八年八月十三日）

名詞遊戲上行下效

從「召開會員大會」到「罷工」、「駐廠討債」，苗栗客運產業工會在勞資爭議過程中可謂將各種法理範圍之內的名詞遊戲都用上了。

同樣的，臺北市民營客運業者怠駛的說詞也是「自動落實勞基法」，從而名正言順各個休假去也，交通也癱瘓了。

名詞遊戲也見於政府各部門的官員說詞之間。例如監察院調查雷震回憶錄案被銷毀一案，得到的答覆是「軍監自動銷毀」。雖然沒有人相信這個說詞，也沒有人相信軍監有這個膽量，但名詞遊戲確乎令監院毫無辦法。

核電廠對珊瑚大量白化死亡的說詞也是如此。核三廠說是「溫排水」應不致導致珊瑚死亡，但原委會說是「熱廢水」導致水溫昇高珊瑚死亡，因而應在夜間滿載較爲恰當。同一種水，還是有兩種說法。

教育部長毛高文宣布取銷安維秘書時，各個輿論媒體都高聲讚好。但仔細一查，原來是取銷中小學的安維小組，眞正可能出現思想問題的大專院校，也有類似人員，但不叫「安維秘書」而是人二室。但因不是「安維」爲名，因此納入校內編制，由各校自行消化，不必取銷。同是人事調查人員，卻有兩種說詞。

更爲明顯的名詞遊戲則是大陸政策，表面上是「三不政策」，但實質上是「通信不通郵、通船不通航、通貨不通商」。

由古語有謂「上行下效」，如今政府既然有「通信不通郵」的名詞遊戲，怎能怪民間有「休假不罷工」的做法呢？

（一九八八年八月九日）

請重視思想消費者！

在美學研究中有所謂「接受美學」的理論，其概念一反以往的框架，而以讀者，即文學的「受衆」爲研究重心，強調作品與讀者之間的溝通、傳遞，以及讀者如何以其現實生活經驗爲本，能主動地去認識、解釋作品。換言之，它強調讀者在閱讀過程中的再創造功能，是審美過程不可或缺的一環。

從這個理論來反省，則任何文學作品甚或其擴大爲某一思想，在每一時代能否存在並壯大，與它能否再創造新的意義有關。而任何教條化的思想、理論或文學作品，都可能使讀者失去再創造的空間，而失去延續的生命力。

用這個觀點，或可解釋一些思想與文化作品，在某些時代褪色的原因。臺大代聯會對國父思想所作的問卷調查，則可以爲這個觀點作另一證明。根據調查，學生在不考慮教師因素的情況下，認爲國父思想課程有價值的僅佔三二・九%，而認爲無價值的則佔五二・三%，其它持普通者佔十八・八%。另外，學到多少部分，則有五一・八%認爲沒有，是否學到很多知識部分，則有五一・三%選擇沒有。尤其在課後有無研讀部分，更有五一・九%表示「零小時」。

這些數字顯示出國父思想課程的「受衆」對這門課的接受程度及態度。受衆的態度固然與訊息傳遞者——教師有關，但無可置疑的，國父思想作品的教條化傾向，強迫上必修課程的教學方式，都是使學生喪失自主能力的再創能力，從而變成這樣的調查結果。

爲了學生獨立自主的思考空間，也爲了國父思想能有再創造的空間，這種強迫學生成爲接受國父思想必修的教學模式，實在可以取消了。

（一九八八年十一月二十九日）

歷史悲劇還在延續

震驚中外的「西安事變」今天屆滿五十二周年。在這五十二個年頭裏，中國人民歷經抗戰、內戰的流離與戰火，目睹着「城頭變幻大王旗」的世局鉅變，當然也必得聽着、學着海峽兩岸對近代史所作的各種描述、解釋與判斷。

西安事變也不例外。描述此一事變的書籍、回憶錄、日記、電影、研究不知凡幾，且海峽兩岸都有。然而，就中唯缺張學良。張學良是此一事變的主導者殆無疑義，但自西安事變迄今卻因遭到不自由處境而無法對外發言、或讓外界理解他的心路歷程。

十一日，中美研究此一事件的學者在華府舉行研討會，爲表示對張學良的深切關懷，會議中並通過致函李登輝總統，請求恢復張學良完全的自由，確保他言論、通信、旅行等基本公民權利。史學者唐德剛並認爲，如果張學良能對當年事件現身說法，將可使事變未解之謎眞相大白，對中國近代史研究，亦有不朽貢獻。

唐德剛的說法正代表了學界的普遍期待，因此張學良有無充分自由遂成爲矚目焦點。而張學良是否自由其實早經政府有關單位一再宣佈的，甚至三任總統都曾邀宴他。但邀宴及宣佈仍無法解開海內外疑慮。只因四十年代張學良雖被宣告自由之身，但住宅四周仍有警衞伴隨，探視子女、接見親友必須獲准。有此前例，遂使得各種形式都難以取信外界。

爲今之計，除了張學良親自接受訪問，發表談話之外，別無證明之法了。而這又牽涉到張學良的個人意願，無法勉強。如果張學良爲個人意願而不願接受訪問，則外界將永留不自由的印象。這對曾經軟禁張學良的國民黨而言，將是一個永遠的重負。或許，這是一個遭幽禁者以自身的悲劇來懲罰政治權力的重擊；或是一個歷史悲劇的永恒延續，也未可知。

（一九八八年十二月十二日）

誰能瞞住歷史？

歷經孫立人、雷震、張學良等連串翻案風之後，照道理應該給予人們「歷史眞實是無法隱瞞」的教訓。然而，這樣的教訓似乎並未落實到國民大會的資深代表，至少昨日國民大會在討論應否公布卅六年選舉實錄提案時，予人這樣的印象。

這項提案是民進黨國代所提，由國民大會去函內政部，要求在三個月內予以答覆。但老國代則表示：「這個提案對老國代極盡汚衊之能事，絕對不能同意。」而另一位老國代則表示，民進黨最近常散發一些卅六年福建省選舉的資料，批評老國代零票、八十票也當選，這些資料如何流出，國民大會應去函內政部予以徹查。

從國民大會老國代的這些說法，我們實在不勝訝異，並對這段歷史爲何無法公開感到非常納悶：

①事實上卅六年選舉實錄是當年的歷史眞實，也是可見諸當時報章報導的資料，即使內

政部不予公佈，民衆要查也可以在舊報章中尋到，資料外流，其實只是歷史眞實的呈現，何以必須「徹查」呢？難道這其中有見不得人的歷史嗎？

②卅六年選舉實錄決定了今天國民大會的結構，同時也決定了今日臺灣憲政結構的良窳，民衆當然有權利知道他們的法統與代表是如何選出，如何代表民意，如何行使職權等等。然而少數資深代表卻深恐眞相讓外界知道，並視爲「極盡汚衊能事」，莫非歷史會汚衊人麼？

歷史的眞實，卽使今日不公佈，明日也會公開，這是老代表永遠無法逃避的問題。我們希望這段歷史儘早公開，讓民衆知的權利獲得保障，也讓未來的歷史能在眞實中往下走。

當前教材應徹底檢討改進

國立編譯館於一九九〇年六月宣布將在下學期的高中歷史教材中增列二二八事件，以期面對歷史眞相；同時爲了修訂相關課程，國立編譯館並邀請人本教育促進會、婦女團體等進行座談，希望能有效改進當前教材中的諸種缺失。對國立編譯館的前述決定，我們認爲明智而理性。然而，不僅二二八歷史有待在歷史教材中闡明眞相，其它的近代史如國共合作、對日抗戰、西安事變、國共鬪爭歷史、政府遷臺等史實，亦有待加以檢討和改寫。更爲嚴格地來說，原本建立在東西方冷戰結構下的意識形態、兩岸對立狀態下的教育傳播系統，以及由此衍生的教育內容都有必要重新檢討，否則透過舊有教育內容所教育出來的學生將無法適應現代多元化、民主化、法治化的社會。

根據教育理論，教育之目的在培養國家未來之公民，其目標不僅在於使之守法知法理解國家公共事務之能力，更重要的是經由教育，使之成爲公共政策的參與者。因爲一個民主國家的決策勢必是由公民經由投票及選擇執政政黨而決定的。培養理性、有知識的現代公民因而成爲民主國家教育之目標。尤其，一個現代化社會藉以構成的基礎並不僅在於法律，而是在於文化、社會風氣、歷史意識、國家認同等等不成文的規範所共同建構而成，如果教育內容無法承載這些必要目標，甚或墨守成規，反而會成爲社會邁向現代化過程中的阻礙。它將使國家認同模糊、歷史定位紊亂、個人無所適從，甚至還可能培養出反民主的風氣、反法治的不良後果。

以此反省當前教育內容，確實令人憂心。認眞的檢討，當前教材之內容係建立在反共抗俄、農業經濟爲主導、一元化文化內容等五〇年代的基礎之上。當時之歷史目標係以臺灣爲反共「復興基地」，因而內容強調中國之歷史、地理、愛國情操以及個人崇拜等等。但是在現代史的部份卻呈現模糊不清、簡略舉述的弊病，以致現代史部份有關國共合作、抗日戰爭、國共鬪爭、政府遷臺部份常令學生無法認清事實，而光復後的臺灣史在教材中亦過於簡略，諸如二二八事件、五〇年代土地改革及其影響等等，幾乎是以歌頌方式一筆帶過。

歷史眞相的隱諱，導致歷史焦距模糊不清，而臺灣之歷史定位、發展過程、歷史目標亦爲之難以辨認。其結果是教育內容被批評爲「欺騙」，而正宗的歷史紀錄反讓位給稗官野史。而當學生發現其被教材所欺時，極易形成另一種極端反應心理，甚至全盤推翻原有教育內容，使教育之目的與意義完全喪失。更爲嚴重的則是，封閉社會中的教育形式與內容在六、七〇年代或能勉力維持，可是在九〇年代國際化、自由化聲中，幾已無以爲繼。國際間的頻繁接觸與大量人口出國旅遊及貿易活動，幾使近代史的禁忌被徹底打破。因此個人崇拜、權威主義等舊有意識型態自然難獲認同。在此種情況下，舊的教育內容已到了非做全面變更不足以適應需要的地步。

然而，何者爲未來正確教材應走的趨勢呢？我們認爲應本於前述教育目的在培養一個現代國家公民之原則，體認當前世界潮流，面對眞實歷史，以「立足臺灣、胸懷大陸、放眼世界」之胸襟來達成目標。

①眞實的歷史認知。歷史認知的意義在於確認臺灣在中國近現代史中，迭經割讓、殖民、光復、二二八事件、政府遷臺等過程，其確認的意義不僅可使立足臺灣的基礎透過清晰的眞面目使國民有歷史感情，更重要的是唯有對以往歷史的定位，始能確立國家未來的歷史目標，以及個人在歷史中能發揮的作用。它涉及國家認同、民族情感、歷史解釋等課題，如果無法以寬闊的胸襟面對它，則統獨問題、國家認同問題都將讓位給稗官野史和街頭巷議，對未來目標不僅毫無幫助，且將成爲混亂、爭執的根源。

②民主化價值觀的培養。舊的教育內容大多傾向於權威主義、個人崇拜、非理性服從等

等，它與培養一個可參與公共事務決策、有自制能力的公民目標相去甚遠。今日民主政治中出現金權政治、買票勒索盛行等惡風，實與敎育未能培養現代公民之責任有關。因而敎育體系應將原有個人崇拜意識濃厚、反民主化色彩的內容加以刪除，並代之以多元化、民主化社會所應培養之能力爲內容。尤其傳統反共抗俄下所建立的權威意識濃厚的篇章，更應順應世界和解趨勢，加以刪節變更。如此始能讓敎育具有現代意義，培養有助於國家發展的公民。

③放眼天下的世界觀。原本在閉鎖年代尚能維持的東西對立的世界觀，已不符當前世界局勢所需，取而代之的將是非意識形態與實事求是的世界觀。當我國商人爲發展經濟而遠赴東歐、蘇聯、中國大陸貿易投資時，舊的資本主義對抗共產主義的世界觀已須有所改變。因而諸如三民主義敎材、軍訓內容等已無法符合時代潮流，應代之以更具國際化視野的新素材。

前述之敎材變革當然是一龐大工程，我們期望國立編譯館在進行敎材變更時應有大眼光與大魄力，以培養國家憲政宏規下之公民爲職志與目標，大刀闊斧地改造敎材。百年樹人之大業絕非易事，但我們總應該有一個起步。

一九九〇年六月十八日

奧運帶來的變化

一九八八年的漢城奧運在臺灣掀起前所未有的熱潮，報章雜誌有擴大篇幅的報導，電視有衞星實況轉播，碟形天線在無數家庭裏裝設，連某些餐廳也打出「吃中餐看奧運」的奧運餐。此種熱潮是一九八四年洛杉磯奧運時所無法想見的，而大陸選手所引發的報導熱潮，也是四年前所無法想像的。

此種現象固然與政治的解嚴開放、海峽兩岸關係的轉變有關，但重要的是：它宣告一個新的開放社會的生活形貌將日漸成形，資訊的壟斷與封閉，在碟形天線、衞星轉播、傳眞機、電腦等新科技的衝擊下，已難以維持舊有局面。這些發展，不僅是人們知的權利的保障，更是視野的擴大，意識轉變的契機。

更明確的說，爲了奧運而裝設的每一碟形天線家庭，已不再是臺灣三家電視臺所能進行資訊壟斷的對象了。而電視臺的衝擊將更大，資訊自由的需渴也更深。

從這樣的「認知領域」的擴大來反省，則臺灣社會的生活形式的選擇更爲寬廣，而回頭走到一九八四年奧運時的「半封閉社會」的可能性就愈小。質言之，無論贊同與否，社會開放的腳步一經邁出，就無法回頭了。

準此以觀，奧運雖然是純粹的體育活動，但體育活動資訊領域的開放，已不僅是體育的，而是連帶影響到生活的、社會的、政治的、文化的「意識領域」。這將是奧運帶來的另一層影響，非常值得矚目。

政府在面對此種新形勢時，實應知其變化，從而採取更開放進步的作法。

（一九八八年）

意識冰岩該解凍了

美國與蘇俄選手在漢城奧運進行十二年來首度握手，中國大陸以開放特區向資本主義下的商人招手，科學家在北平舉行的廿二屆科總年會上聯手，甚至東歐國家也在蘇聯的改革聲中頻頻向資本主義世界揮手。

這種種訊息，表面上看是資本主義與共產主義對壘陣營解凍的跡象，但往意識形態層面觀察卻可發現「意識形態革命論」的年代已一去難返了。在共產陣營中，極左意識形態日漸消褪，中國大陸的「黑貓白貓論」即是對極左教條的否定與批判；而在資本主義陣營中，極右的反共法西斯教條也被民主開放浪潮取代。

在這樣的整體潮流下，再執着談革命論或恐共論已不符實際需要。這種潮流在臺灣也發生着類似的變化。

開放的大陸政策促成了海峽兩岸民間經濟的、血緣的、文化的往來，甚至官方的中研院也以臺北科學學會名義赴北平開會，而科總與中國大陸科學界也刻意不談此一敏感問題，「共存」的味道極爲濃厚。在這種情況下，所謂「消滅」的極端口吻，對海峽兩岸已不切實際，取而代之的是和平競爭，因而對內部而言，極右的聲音與生存空間必然日趨縮小。因而對反對派的民進黨而言也一樣，以激烈論點、強悍對抗的臺獨路線，在整體開放潮流與意識形態解凍趨勢下，充滿「臺灣民族論」與「意識形態革命論」教條路線，生存空間也會縮小，這正與極右聲音的消褪是同步的。

在世界潮流的解凍趨勢下，在臺灣社會逐漸朝向開放發展的大流中，執政黨應知所取捨，而民進黨內部，能不自省乎？

（一九八八年）

蒐證、科技與民主

科技的發展與普遍化，對一個社會所形成的影響極難估計。有的學者認爲極易走向跨國性科技獨裁；有的學者認爲社會資訊流通與事實掌握將因科技的發展而普遍化，社會控制會因而放鬆，對民主化有幫助。

在臺灣，錄影器材、傳眞機、電腦的出現與普及化事實上已改變了原本由治安單位單方蒐證的局面。最近在臺北市舉行的集會遊行中，總有由四、五名人員組成的「反蒐證小組」出現，對警方治安人員進行反蒐證。根據資料顯示，這批「體制外」的蒐證小組除了綠色錄影小組、第三映象工作室之外，尙有幾組是來自民代的服務處。

此種蒐證與反蒐證的局面，已確確實實爲治安單位的一元化蒐證資訊系統帶來挑戰。在五二〇事件司法程序中，臺北地方法院也必須參考綠色小組的錄影帶，以爲佐證。而未來的每一場集會遊行場合，警方也將面對反蒐證的課題。質言之，無論警方或遊行一方誰有越軌行爲都將在錄影帶中留下證據。

這樣的發展趨勢對臺灣社會朝向民主法治的腳步，發生一定的作用。警方在同樣錄影器材中，「動作」必須更爲合法、合理，始能站穩立場；而遊行一方也必須節制、合法，才能不致觸犯法網。

在這種科技器材的對峙互動關係中，科技與民主法治的關係隱然出現另一新局面。長此以往，軍警中立的原則將在普遍化的民間科技監督下，逐步完成，而羣衆運動也必須在此一關係中，日趨理性。針對此種變化，警方的辦案心態、羣衆處理實應知所改進，否則極難應付新局面。

這或許就是科技普遍化對臺灣民主化過程的影響吧！

（一九八八年）

越戰之狼

甫逮獲的士林之狼禹建忠在警局答覆記者追問時，最驚人的一句話莫過於對「作案手法從何處學來」的回答。他說：「從電影裏，一部越戰影片。」

發生於遙遠的六、七〇年代的越戰，在美國曾經有過的反戰風潮中，是被指責爲法西斯兼帝國主義殘殺第三世界人民的作爲。當時美國爲顧及自身利益與內部風潮，自越南撤軍。而越戰——這一場令美國人民視爲「內傷」的戰爭也被塵封掩埋。

然而，曾幾何時，隨着美國國力的日趨衰頹，霸權地位的降低，內部經濟的結構性問題，一種期待霸權的右翼法西斯傾向於焉昇起。這傾向又以電影藍波爲代表出現，在藍波電影中，向第三世界開火的侵略者搖身一變成爲越戰的受難者，並以受難來凸顯他們拯救第三世界的「正義形象」。在正義的旗幟下，各種殘酷手段相繼出現，包裝成血腥與暴力的各種鏡頭。

而這些描述越戰受難英雄的電影，又以好萊塢電影的商業發行網向每個地區傾銷，變成商業大帝國的另一套意識形態侵略。其中包括了電影、錄影帶、明星形象、卡通影片等等。便是在這樣的背景下，禹建忠，這一個年輕人看見了越戰電影中從背後偷襲的情節，而且學會了，竟以此幹下連串命案，成爲「士林之狼」。

商業帝國主義的意識形態傳播，在美國內部雖是一個歷史記憶或商業行爲，但在臺灣竟成爲一種示範，一種犯案手法的根源，這確乎令人浩歎。而更爲嚴肅的問題恐怕是：臺灣何時才能擺脫美國的意識形態宰制呢？而如果臺灣無法理性且自主地建立一套世界觀來反省美國觀點，則意識形態的被宰制、被侵略恐怕永無止期。

（一九八九年）

坦誠面對歷史足讓世人動容

侯孝賢的電影「悲情城市」在各方矚目下終獲威尼斯影展金獅獎。這對臺灣電影圈固然有着歷史性的意義，但對臺灣觀衆而言，更重要的毋寧是要展現民國卅四至卅八年間，臺灣社會生活（包括二二八事件）的橫切面，並由此探討臺灣社會作爲殖民地，在這段政治結構轉換時期的陣痛與興衰史。這是臺灣電影史的創舉，是藝術創作的突破，更是首度正面面對二二八的誠懇之作。而侯孝賢電影便是準確地掌握此一「調子」。

從大陸前清經濟政治圈中劃爲日本殖民地的臺灣，其經濟命脈亦隨之由大陸型倚賴轉換爲日本資本帝國倚賴，從外貿到文化、政治、語言皆然。但是當臺灣光復之際，殖民帝國的政治、經濟、文化遺留仍在，但倚賴結構必須轉換爲國民政府，於是有着社會鉅變下的家族的悲歡故事。這條主軸貫穿全場。

語言，作爲電影的陳述工具，侯孝賢以兩種調子貫穿，並作爲變遷的最重要證據。其一是日常生活語言，電影中臺灣人以臺語夾雜口語，並在二二八時作爲分辨臺灣人與否的特徵，但由於國民政府接收，大量大陸人士來臺，於是有廣東話、上海話夾雜其間，串成一個複雜無比的民族初步接觸與誤解衝突的基調。

其二則是梁朝偉所飾啞巴以手寫代語言的黑底白字字幕。這字幕有如見證，又有如血色斑斑的悼文，在電影中挿播出現，打斷劇情進行，卻又方正簡短如同雕刻。複雜的日、臺、粤、滬語與沉靜的手寫，形構成繁雜又冷靜的調子。

而政權轉換期中，最主要的仍在政治。電影中不時出現臺籍與大陸籍知識分子對陳儀腐化政權的批評與控訴。乃至於上海佬爲走私白粉被林姓家族老大文雄所拒，並沒收老三與上海佬共同走私的毒品，上海佬竟密告老三家族爲漢奸，並加以逮捕。結果老大文雄不得不低聲下氣去求上海佬，以其「與官府較有關係」可以保老三在過年前出獄，條件是交還白粉。果然，老三在過年前釋放，但因七孔流血已成廢人。而黑道人物有無與大陸政權掛上關係，也成爲他沒落或與盛的主因，文雄的沒落與另一黑道勢力的崛起，根源在此。

電影中的時代切片是以家族與角頭爲主，但在臺灣的政治經濟轉變中，又何嘗不是如此？放眼日據時期抗日旺族，而今安在者幾希？而現有旺族中與政府無關者幾希？

臺灣小島型無法獨存的倚賴型經濟性格是其歷經政權轉換而永難改變的現實，從前淸到日本，到大陸，又到美國，這性格注定其必然面臨殖民地轉換期的陣痛。而小島地形也限制反抗力量的無可遁逃。「悲情城市」中家族老父由大陸被賣到臺灣當長工找不到出路可逃回大陸，正如梁朝偉所飾的文清在獲知山上社會主義青年團體被破獲而欲逃亡，卻在車站中發覺無路可逃而返家拍紀念照等候逮捕死亡一樣，是小島的宿命。這宿命亦貫穿了自日據時期武裝抗日運動往後的四〇、五〇年代的「白色恐怖」時期，是臺灣反對運動的宿命。

當臺灣一日日朝着資本化社會前行之際，「悲情城市」無疑是一次平靜而深思的回顧，它讓我們看到臺灣是如何在二次大戰後由日本殖民地的遺留創痛中，歷經政權轉換陣痛，歷經多少家族的興衰浮沉，才走到今天。「二二八」已成歷史，家族浮沉已成陳跡，回顧這段歷史的意義應是在其淨化作用。在平靜的淨化中，看清這段歷史的脈絡，撫觸二次大戰後全世界殖民地的痛苦傷痕，應不僅具有臺灣地區性的意義，也有着世界性的意義。這或許就是「悲情城市」獲金獅獎的主因吧！

（一九八九年九月）

電影檢查制度應作徹底檢討

——「悲情城市」獲獎所引發的問題

電影「悲情城市」獲得威尼斯影展金獅獎之後，各界充滿歡欣鼓舞之情，認為此片的獲獎不僅代表臺灣電影已臻於國際水平，更顯示政府已有足夠開明的勇氣，視電影亦為解嚴之一環。如果連二二八的題材都可以拍攝時，還有什麼政治題材需列為禁忌？因而不少樂觀者認為「悲情城市」將帶來電影新的生機，並為奄奄一息的電影界注入強心針。

然而悲觀者卻不作如是觀。他們舉侯孝賢為例表示，如果不是侯孝賢的國際知名度以及獲得國際大獎，則「悲情城市」會被新聞局電檢處搞成什麼模樣無人可知。而侯孝賢更在受訪中表示，電檢制度是一種傷害藝術創作自由的制度，它限制電影創作者的想像空間，並造成自我設限，久而久之，電影創造力就被扼殺了。因而包括侯孝賢等新電影工作者皆強烈要求「取消電檢，加強分級」。

「悲情城市」所帶來的另一課題則是：以侯孝賢之獲得國際肯定，往後那一位電檢人員敢宣稱對他的電影進行刪剪和禁演？又有誰有資格斷定他電影品質的好壞，並加以動剪修改呢？如果無人敢冒傷害國際形象的罪名，難道侯孝賢獨獨可以「逍遙法外」成爲特權嗎？果眞侯孝賢可以，楊德昌是否也要比照辦理？那其他導演呢？這種種問題顯示「電檢制度」已到了非徹底檢討不可的地步了。

目前電影檢查制度的法源是依據電影法第八章，其中尤以廿六條最重要，包括不得損害國家利益或民族尊嚴、不得違背國家政策或政府法令、不得妨害善良風俗或淆亂視聽，以及不得汚衊古聖先賢或歪曲史實等。違反者，中央主管機關可於檢查時，應責令修改或逕予刪剪或禁演。

然而，電影法廿六條的這些規定不僅模糊不清，且充滿自由心證。如果眞要認眞加以執行，則包括災難片、偵探片、懸疑片、恐怖片都無法上演，甚至連八二三砲戰這種政策片也可以用「歪曲史實」來加以禁演。自由心證過大的流弊即是走後門盛行，人治色彩過強。由於其弊端叢生且招致各界抨擊，新聞局乃於七十六年再訂定「電影片檢查規範」。該規範一如新聞局所言「它僅提供電影片檢查之參考，透過規範使業者與檢查人員建立起共識，同時讓消費者明瞭在現行電影法規定下，可以看到何種內容之電影片。」

然而此一規範有效與否，卻令人質疑。最重要的關鍵仍是法律定義依然不明，電檢人員依舊充滿自由心證。「兒子大玩偶」的蘋果風波，「那一年我們去看雪」的洋菸風波，「尼羅河女兒」片尾之引用《聖經》風波，都是惹起各界爭議的事件。更爲荒謬的則是這些電影一點都不涉及色情暴力，卻備受電檢青睞，但某些色情影片卻安然過關。

誠如一位影評人所說，由於電檢人員對影片中的「政治意識形態」問題過度緊張，對於色情暴力的暗示、隱喻反視而不見，以致一些電影充滿黃色笑話，還被列爲「普級」，可以讓兒童觀賞，在檢查過程中只注意色情或暴力中有無露出幾點，而無法關切語言暴力與性暗示，事實上是目前電檢制度的最嚴重缺陷。這種種現象在在顯示出，電檢制度的社會安全功能已然喪失，只剩下對思想的過敏反應。而這種檢查既已備受抨擊，又使政府揹負「箝制思想」的黑鍋，我們實在不知道它有什麼存在的價值。

在討論要不要取消電檢之前，我們認爲有一個前提必需釐清：到底我們視電影爲藝術還是宣傳？如果電影是藝術（一如小說、音樂、詩歌、繪畫等），何以它必須受到檢查？誰有權決定某種藝術可以割裂？如果我們視電影爲宣傳，那就讓宣傳政令的單位去拍片就好了，又何必要電影藝術呢？

如肯定電影作爲藝術創作，則爲何電影檢查應隸屬於新聞局而不是一個文化部門（如文建會)。不少國際影界人士要商借臺灣電影赴國際參展而獲悉影片屬新聞局管轄時都不勝訝異。因新聞局等於是政府發言部門，也是政策宣示機構，電影作爲藝術創作，怎可屬於新聞局管轄?我們認爲，政府在籌設文化部時應將電影、電視、廣播劃歸文化部門管轄，以免遭致政策干預藝術創作之譏，徒傷國際形象。

然而，電影劃歸文化部之權畢竟緩不濟急。當前最重要的課題仍在於如何解開電檢對電影藝術的傷害與限制，並嚴格管制色情暴力的氾濫，因此有下列四點建議：

①儘速透過修改電影法，取消電影檢查制度，務使電影創作擁有自由空間。

②爲避免色情暴力氾濫，新聞局應加強分級制，使一些色情暴力電影嚴限在限級或輔級之內。尤其一些有性暗示與語言暴力的電影更應嚴格管理，以保護青少年及兒童的健全身心發展。

③加強電影分級審查時社會人士的能力與水平。以英國爲例，電影分級時，其「社會人士」包括兒童、婦女、心理、社會等專家，最主要的目的仍在使電影既能維持其水平，又能維護社會之安全。

④在取消電檢及分級從嚴認定之後，最重要的仍在各戲院是否嚴格執行分級規定，以及各警政單位是否嚴格檢查戲院有無違規，如此才能眞正落實分級制的精神。

電影「悲情城市」所引發的電檢問題是值得重視的，我們希望創作自由能受到尊重，而且應全民平等，絕非少數人所獨有。政府有關部門如不再作全盤檢討，則我們的電影愈受國際肯定，而問題愈層出不窮。

（一九八九年九月）

我們需要一個有理想有擔當的文化部

行政院組織法修正草案已送交立法院審議，文化建設委員會升格爲文化部似已爲時不遠。在社會治安日益惡化、投機風氣盛行、政治環境扭曲的風氣下，各界對文化部的期待愈爲殷切，莫不期盼藉由文化層級在行政系統上的提昇，來建立一個「富而好禮」的社會。

然而，細審目前已初步曝光的文化部組織，除公立美術館、縣市立文化中心、電影等目前隸屬於各主管機關的單位屆時將統一由文化部主管之外，我們實在看不出國家整體文化的大方向何在。如果缺乏明確的政策大方向，則文化部無非是把分散於各部會的「車廂」，重新掛在文建會的火車頭上換個「部」的招牌而已。對整體文化水準的提昇、建立富而好禮的社會，其助益並無顯著的改善。因而我們對文化部的設立必須表示一些意見。

首先應看看法國的例子。法國文化部在設立之初即建立由文化人以文化理想爲中心的政策原則。首任文化部長安德烈·馬侯爲一著名作家兼導演，爲當時戴高樂總統所敬重的文化人，因而禮聘入掌文化部，遂建立了文化部歸文化人而非行政系統的官僚掌管的傳統。此一傳統肇致法國文化部在政府部門中具有獨立自主、受人敬重的地位，甚至連政治與外交的力量都難以橫加干涉。現任法國文化部長傑克·朗格爲劇場出身的導演，對戲劇、電影等藝術具相當專業知識，加上具有深厚的文化素養，因而能支持獨立自主的文化運動、民主運動。六四天安門事件之後，大陸民運人士流亡法國，並重豎天安門的民主女神雕像，傑克·朗格不僅大力支持，且不顧中共對法國政府的抗議，親自主持揭幕。此種知識分子的風骨，又豈是行政官僚所能望其項背！

此外，法國文化部更以政府的資源，大力支持電影導演、劇場、藝術家去從事創作，並協助其經費、拍攝、演出、展覽等各種活動。幾十年來法國文化藝術創作之豐、水準之高能居全歐之冠，文化部功不可沒。然而，它也並非毫無管制的功能，以電視爲例，文化部即組成一委員會，邀請政治、文化、心理、社會等各界人士組成，對過度商業化或廣告過多等行爲加以約束糾正，其重點仍在於以文化爲本位，以理想爲中心。

從法國的例子我們不難看出，所有的關鍵都在於政府對文化部的態度。如果我們僅將文化部視爲行政院轄下的一個官僚部門，以統籌管理各種與文化有關的事務，而無法引導長遠與前瞻性的文化方向，則文化部終將難以做到行政院長所揭櫫的「建立富而好禮社會」的目標。誠如許多文化界人士所疑慮的：文化部如果只是文建會的升格，而且又以事務性的管理爲運作目標，則文化水平之提昇是不樂觀的。我們因此對文化部有如下的期待：

一、首當揭示理想性。任人皆知當前的社會大病卽在短視近利、缺乏理想，此種性格的改變唯有透過文化涵養始能加以改變，因而文化部應以理想性爲最高原則。且文化涵養並非一朝一夕便可立竿見影之事，而是以十年、百年之力始能累積成果，因此政府對文化部與文化政策的思考不能以目前的建幾所廳、院，幾個文化中心等可計算的「政績」爲已足，而必須朝向具有理想性的設計爲原則。當前文建會之弊卽在於只重視舉辦幾場座談、演奏或協助多少縣市中心而沾沾自喜，而缺乏前瞻性文化大方向的格局，再加上在行政部門中有如「小媳婦」的地位，愈發使文化建設工作長期流於萎弱，而文化藝術工作者唯有「自謀生活」，絲毫得不到任何政府的長期協助。職是之故，文建會升格爲文化部的重心不應僅是「升格」，而應是一種思考格局的突破，是文化大方向作理想性、前瞻性規劃的開始。

二、必須具有專業性。目前文建會的最大問題卽是其行政人員大多是高普特考之下的「高材生」，對於各種專業技術如電影、戲劇、民俗、繪畫、文學創作等缺乏高度專業的素養，以至於應帶動文化建設的理想性工作變成例行性的行政流程，而文化的應有品質自然無法提昇。尤其未來將各部會業務收編爲文化部管轄後，如果無法打破其原有建制，而只是將原班人馬搬進文化部，我們實在擔心其專業知識能否勝任文化部的理想與工作。由於專業性的不足，政府若干部門早已飽受「只知照抄硬體而缺乏軟體」之譏。一旦文化部成立，政府實應認眞考慮延聘海內外專才，甚至要有破格擢用的氣魄。

三、獨立性的建立。文化建設工作最忌急功好利，或淪爲政治附庸，因而文化部的設計相較於其它部會，應具有更多的相對獨立性。以法國爲例，若非其文化部的獨立自主性如此，其部長又焉能支持大陸民運人士甚至爲民陣大會揭幕？

從法國的例子看來，我們不難明瞭理想性、專業性與獨立性乃是不可分割的三原則。但更重要的是：政府要不要或敢不敢延聘一位文化人（而非行政官僚）入主文化部，以建立起文化部的「新傳統」——即以文化爲中心的傳統，才是文化部成功與否的重要關鍵。如果政府具備足夠尊重文化的誠意，並有心願爲長遠的文化建設努力，則此一以文化人領導文化政策的原則，是首應確立的。也唯有能獨立於現實政治、商業利益之外的文化部，才有可能眞正建設出具有理想性格的「富而好禮的社會」。

（一九八九年十月）

公信力在風中飄盪

五二〇事件之一

五二〇事件發展迄今，整個案情不僅未因歷時更久、調查愈細而清晰起來，反而因檢方、警方、農權會、農盟、大衆媒體、小衆媒體、當事人等各說各話，而愈發撲朔迷離，眞相不明。如今，以中研院學者徐正光、蕭新煌等人爲首的敎授羣終而主動出面，準備組成「調查委員會」，主動調查這「羅生門般的五二〇」。

事情發展到這個地步，又再度證明流行在臺灣社會的「公信力」一詞，已成爲一項危機的徵兆。從環保事件、空浮事件、張憲義事件、購煤弊案到如今的五二〇事件，幾乎每一次爭議都有人會要求「由中介學者組成具公信力調查委員會」，彷彿每個政治部門、民意機構，甚至監察院都已不可信，都已有政治派系成分存在，因此無法公正處理，唯有不倚賴任何機構的「有良心正義的學者」才可贏取民間信任。

五二〇事件也是這樣，最初發展是警方、檢方嚴厲譴責「假農民」，隨後朝「陰謀暴力論」發展，繼之則是邱煌生供詞出現，偵查方向朝幕後策動者發展。與此同時是大衆媒體播映當天的「農民暴力」，而小衆媒體與農權會則播映「警察暴力」，等到邱煌生供詞出現，每家媒體又紛紛下鄉做農民訪問、現場勘察。媒體戰爭又朝此一方向轉移。

於是我們不再看到眞相與是非，不再看到認眞反省農業政策的思考，有的只是立場戰爭、媒體戰爭。事情發展至此，檢察官與司法單位再談「公正公平」已來不及，因爲他們已被迫站在「立場」裏面去了。

學者組成調查團及發表的聲明對政府與司法單位不啻是一句警鐘，它敲出了政府部門、民意機構、司法單位「公信力危機」的訊號。

學者基於知識良知而必需做出這樣的抉擇，去認識眞相、反省現實時，我們這個社會是不是該好好反省「公信力」喪失的原因，並徹底檢討呢？

（一九八八年六月十七日）

五二〇事件之二

在政治開放潮流衝激下，在農村地皮被城市資本入侵炒熱之後，在農民運動以五二〇事件爲訴求而捲動於各地之後，農民政治力正與其它社會力一樣，逐漸推開被阻隔的藩籬，發生着微妙而深遠的變化。

敏銳地感知這種變化者，以地方民代及增額中央民代的反映最爲典型。五二〇事件之後，多位雲嘉南地區民代紛紛發表支持農民、譴責暴力的言論，地方民代甚且赴土城探監，這與農民政治力的變化當然有微妙緊密的關係。

政府在處理此一事件時，當然也有這一層顧慮，因而將「農民」與「假農民」區隔開來，力圖有所分際，以免流失政治資源。然而這樣的區隔在經濟結構以三十年爲劇烈變遷的臺灣社會卻有其困難，因爲卽使是流落都市的「遊民」也與農業社會有着血緣的關係。蝸居在城市邊緣的成功或挫敗的勞動者難道不是從農村向城市聚居求生的嗎？

對絕大多數農民而言，這樣細密的社會學的區隔更加困難，因此對農民運動的觀感不免趨於兩極化。然而這種兩極化現象不會在目前顯現出來，因爲農民的傳統保守性格還是會發生作用，使之行動趨於緩和，但想法會留在腦海裏。

這種兩極化的結果，最有可能的顯現是明年底選舉。屆時，現在的諸種爭議都可能化爲選票作出定論。因此，買票的年代將漸漸結束了，因爲「買票黨」的根據地已發生變化。這或許才是政府在處理五二〇事件時，値得思考的課題。

（一九八八年六月）

五二〇事件之三

學術界人士針對五二〇事件發表聲明，並進行連署，目前已達二百人左右，且連署人數正在增加之中。

與這一份學界聲明相對應的是由新竹地院所發起的另一份共同聲明，據知，屏東、臺南、士林等地院推事也甚表支持，決定「不論任何壓力都將發表」。學界人士與地院之間彷彿對立起來，也不免令人疑惑到底學界有無權利在司法偵訊過程中提出質疑，而司法單位是否有必要以聲明顯示清白公正立場。但是這「對立」果眞存在嗎？

面對此一問題，事實上並不難釐清，只要將雙方各自職責所在分際清楚，即可不必再費一場「筆墨官司」。

基本上，參與連署聲明的敎授學者大多在學術研究單位或大學任敎，他們的專業職責在研究與教學，面對此一四十年來最重大的五二〇事件，學界提出研究觀察計劃及看法，並未逾越其本分。尤其一些社會學者試圖由衝突表象進行深層研究，更是學界向相關部門提供決策參考的基礎。

從這個思考方向來看，學界對五二〇事件的研究並無與司法單位對立之意。而司法界面對此一關係其責任所在的「司法獨立」批評時，實不必在言詞上針鋒相對，只要在實踐中具體做出成果即可止斷外界流言。相對的若是司法人員批評學界「研究不良，教育不力」時，學界也不應提出另一份聲明來反駁，因爲他的工作仍需面對社會公評。畢竟，在民主國家的任何部門接受社會批評都是正常且必要的責任，它是一種監督，而不是對立。

（一九八八年六月）

五二〇事件之四

由新竹地院發起，並與士林分院共同起草的「我們要一個純淨的審判空間」聯合聲明，已草擬完成，並在各地連署。

據了解，這份聲明旨在強調：「司法不能以個人的政治理念或個人是非加以評斷，審判的獨立除了法官要堅守立場之外，具體個案在偵查審理階段，不應加以評斷。」

司法界這一份聲明的發表，在解嚴之後，追求法治秩序的臺灣，確實有着不尋常的意義。雖然它是針對學界的「公平審理五二〇事件」聲明而發，但卻不能僅止於筆墨對立來小看這份司法界聲明，我們期待它是向社會每個角落、向黨政各界、向司法界內部而發出的宣告與期許。

我們期待「給我們一個純淨的審判空間」，不僅是針對學術界的聲明，應同時是向幾個方向發出的豪語：

①向親朋關說與地下橫行的司法黃牛鄭重宣告，「給」我們一個純淨的審判空間。

②向來自各級民代、特權分子、政治壓力等的關說，大聲說「還給」我們一個純淨的審判空間，而且把他們的名字公布出來。

③向內部少數無法堅守司法獨立精神，甚或傳聞中受賄的法官，司法界更應該大聲的說出給我們「自己」一個純淨的審判空間。

我們深深期待，這份聲明的宣告與後續的行動得以掃除前一陣子翻案風之下的司法陰霾，確立司法獨立的風骨與尊嚴。

（一九八八年六月二十日）

五二〇事件之五

九位不同專長的教授針對五輕環境影響評估提出「再評估」，並且得到充滿質疑與批判力的結論，認爲該評估缺乏對生態與人的資料，顯然嚴重缺失。

二百餘位學者針對五二〇事件提出聲明，呼籲司法當局應公平審理五二〇事件，他們並擬組成「社會運動觀察小組」，對衝突表象進行更深入之社會學研究。

同這些學者相反的訊號則是：臺電公布顧問名單，其中赫然有多位知名的輿論界人士、文化人，以及以「中介公正形象」著稱的學者。這份名單引起外界對「客觀公正人士」的疑惑。

這最近發生的三件事表面上看是互不相干的事，但事實上卻說明了一個事實：學界（或所謂專家）的意見絕非權威，而是值得質疑，甚至批判的。

以環境影響評估而言，理應具備公正性，但在另一羣學者的眼中，卻是經濟掛帥，缺乏人文觀、生態觀的評估。而檢警對五二〇事件的調查在學界另一羣人眼中，則是公平性有待斟酌觀察的事。至於臺電顧問名單，雖然不是頂新鮮的事，卻是反面地印證「客觀公正」權威的有待存疑。

於是我們看到一個現實：所謂學術界或專家的權威價值體系正在解體，代之而起的是迥異的觀點、批判的聲音、反省的理論。

或許有人會憂心：這種專家也不再可信的事實，是否意味着價值的混亂與失序呢？然而，這卻又是民主政治的必然，多元化價值體系不僅在生活中存在，在學術界也理應存在。唯有通過各種質疑與批判，每一個決策才會更慎重、更有說服力，如此，則決策施行過程中的阻力才會降低，民怨才會減少。畢竟，無論質疑或肯定，都是對民主政治的一種支持的表現。

（一九八八年六月二十四日）

五二〇事件之六

農民聯盟今日在雲林農權會召開第三次籌備會，預計將通過組織章程，確立「五部二室」的架構，以及宗旨，農民運動將因組織的確立而走上另一階段。

從去年十二月八日立法院發動大請願以迄於今，不過短短七個月不到，農民運動即告蓬勃發展，各地農權會相繼宣告成立，從而也引發出各地宗旨、訴求不一的問題。此次各地農權會合組農民聯盟的舉動，因而有着整合意見、統籌利益的意味。然而相應於整體社會環境的變遷，農民聯盟仍將面對如下的課題：

①隨着臺灣社會的工業發展農業萎縮，農民人數將因此日趨減少，大資本將入侵農業，從而使小農制備受擠壓，農民將成爲「下降的階級」，如此則農民聯盟的未來發展仍有一定限制。

②由於農業日趨多元化，各地農權會將面對不同生產項目的農民以及分殊的利益，例如

山城、新竹是果農，宜蘭是菜農，屏東是養殖。如何統合農業多元化之後的農民利益，從而形成一定方向的農業政策壓力，是未來農民聯盟必將面對的課題。

在下降的階級是農民聯盟在社會基礎上的必然困難，多元化農民則是內部整合的問題，在這內外的問題上，農民聯盟的組織化，能否帶來轉機，則仍有待考驗。但可以確定的是，它將對各種既定機構如農會、水利會、青果合作社等形成壓力，卻是必然趨勢，這也是它的正面功能。

（一九八八年六月二十一日）

五二〇事件之七

全省農民權益促進會將在廿八日宣告成立，會中將選出主席、副主席、中執委等人選。然而距離成立大會前三天，卻傳出內部派系之爭的問題。

事實上，遠在五二〇事件之前，各地農權會之間即存有領導權之爭，因而林國華力主農盟之成立應待五二〇遊行之後再談。然而誰也未料到五二〇會演變成如此激烈的事件。

歷經五二〇，農權會之中面臨兩種新態勢，其一是林國華因事件而變成「烈士形象」，似乎已被捧得高高在上；其二是農權會面臨農民害怕事件不敢動員的心理疑懼，因而五三一的遊行活動很難展開。

在這種情勢下，以落實地方服務與組織工作的農盟之成立，有其必要性意義。但老問題又繞回來：誰是領導人？

於是雲林農權會方面希望林國華任主席，或由現任代理事長陳坤池擔任，但不爲農權會同意，最後只能落實在民主制度中進行選舉產生主席、副主席、中執委人選。從這個過程我們不難看出這樣一種社會傾向：烈士即英雄。但這是正確的嗎？以五二〇事件爲例，正使得臺灣社會運動蓬勃發展局勢爲之中輟，直到六二八才有反六輕人士出面進行遊行示威，而且緊張謹愼無比。這便是「衝過頭」的社會運動的結果，雖然成就了神聖化的少數烈士，卻傷害了社會運動的發展。

這是關心社會運動者在同情農民與受難者之餘，應當認眞反省的課題。畢竟，烈士不等於英雄。何況，在人民權利意識覺醒的年代，是沒有個人英雄的，人民才是「英雄」。

（一九八八年六月二十七日）

五二〇事件之八

備受矚目的五二〇事件昨日首度開庭，在「維護純淨審判空間」的呼聲中，這次開庭對司法能否中立，審判純不純淨將是重大考驗。

遺憾的是，開庭過程中發生兩件不太「純淨」的事。其一是該案卷宗附件內有「中華民國軍事委員會」函及「國家安全問題政策性參考資料」；其二是作爲證人的警員攜帶臺北市警局的公文封，內有照片、被告年籍資料等。

附件「中華民國軍事委員會」函，是以呂建榮名義寄給行政院長俞國華，內容大致是：「五二〇暴動行爲屬於陰謀破壞流血的軍事性流血行動，應將所有人犯移送軍事法庭審判，如偵查與中共有關連者及有推翻我政府陰謀意圖者，將其指揮人員處以戰犯論依法處決。」但是據了解，這個單位根本不存在，而有無呂建榮其人還有疑問。

另一份「國家安全問題政策性參考資料」則署名言國明，於五月二十六日寄給最高檢察署，內容是五二〇事件已暴露陰謀分子用心等等。但這份「政策性參考資料」卻又「僅代表言某個人看法」。

然而，這兩份「僅代表民衆個人看法」且「查無此單位」的函件，卻進入開庭審理時的卷宗內成爲附件。黑函竟然變成「司法程序附件」，這不得不令人爲司法中立憂心，爲司法單位的判斷存疑。

再其次，作爲證人的警員本應以其目擊耳聞來舉證，但在唯恐「時間已久記憶不清」的理由下，「向刑大調當初的證人筆錄來提醒自己」且有照片和被告年齡籍貫資料。要知道證人若是因記憶不清而無法確認時，應照實說明，對被告存疑。如今證人帶市警局提供的照片出庭，則誰都可以當證人，又何勞他的「記憶」呢？這樣便失去證人的意義了。

這兩件事都是司法程序中的關鍵要害，若不能妥善處理，黑函滿天飛，「軍事委員會函」與「政策性參考資料」到處寄，人人可攜照片當證人，則推事連署的「維護純淨審判空間」的理想，恐將成爲空想。

我們期待「維護純淨審判空間」要從這裏開始！

（一九八八年七月十九日）

五二〇事件之九

因連續刊載許木柱、黃美英二人對五二〇事件的調查報告，今日上午《自由時報》被臺北地方法院移送新聞局及新聞評議會，並認爲該報此一行爲已損害國家審判權及違反出版法第卅三條的規定。按出版法第卅三條規定：「尚在審判中的案件，依法不得評論。」

姑不論出版法在通過立法期間，曾引發多大爭議，甚至迭遭干涉言論自由、新聞自由的抨擊，若僅就臺北地方法院在此時引用此一法條，就不免令人深深爲憲法第十一條的「言論自由」憂心。

舉一個例子來說明，或許將有助於我們理解這件事的得當與否。

在著名電影「惡魔島」中所曾眞實羈押過的犯人中有一犯人名爲德萊福斯（Alfred Dreyfus），此君爲法裔猶太人，生於德國和法國長年戰爭的亞爾薩斯。一八九四年，有人指控他將法軍機密賣給德國，十月被捕，十二月審判，在證據薄弱的情況下，被判終身監禁，旋卽送往惡魔島，拘留近五年後才轉回國內監獄。他的家人不斷尋找新證據，要求更審，社會上支持他和反對他的人則爭論不休。名作家左拉曾寫一封公開信給法國總統爲他請命，而政治家克里蒙梭也熱烈支持他。十幾年間他的案件更審數回，討論此案的書籍多達數百本，波折之多，令人歎爲觀止，曾對他提出不利證詞的情報官還因此而自殺……。

這個惡魔島名人個案，發生於十九世紀末葉，但在來回更審期間，討論書籍可達數百種，作家甚至上書請命。但是二十世紀末葉，此地卻看到出版法第卅三條。這不得不令人懷疑，若是左拉生在今日，會不會被「糾正」？

（一九八八年十月七日）

五二〇事之十

針對中研院民族所副研究員許木柱、黃美英在「五二〇事件」後，進行田野調查，並將結果刊登在傳播媒體上，臺北地方法院去函中研院，認爲許、黃二人有假學術之名，干擾司法，而向中研院提出抗議。

臺北地方法院所持的理由是：對於犯罪的偵查審判，僅限於司法機關有此權，一般人民、社團或學術機構，不得擅予調查評論，否則內容或結果與偵查結果相左，司法威信盡失，嚴重危害法治國家體制。

對於臺北地方法院的理論與思考，問題在於，此種思考對如何「維護一個純淨的審判空間」，事實上並無多大助益，反而因社會的非常態現狀，而略顯僵硬之感。

任人皆知，自林正杰入獄前連串「司法獨立公千古」的街頭運動以降，司法體系的威信受損不少，五二〇事件後，司法界人士發起「維護純淨審判空間」連署，事實上是「自清」

以維令譽的舉動。在「維護純淨」的原則下，此次五二〇審判因此備受矚目。因此，對此次審判公平與否的討論，事後形諸報端者不知凡幾。但以許木柱等人所持的反對意見最爲明顯。

然而，臺北地方法院並未對其贊成的評論加以「糾正」，而獨對反對者加以糾正，這是否公平呢？

事實上，司法權威無法確立的原因甚多，外界的討論與研究，表面上雖會有損司法形象，但實質上卻有助於司法的更爲「純淨」。因爲唯有頂立在陽光下的司法，才能建立高大、純淨且可信的形象。否則，即使新聞局對媒體、研究者作任何行政處分，也無助於維護其「純淨」。

（一九八八年十月十八日）

鎘米問題之一

當農民爲稻米生產過剩而苦尋出路、走上街頭，而農政單位也爲收購稻米頭痛不已之際，桃園基力化工附近疑似鎘污染稻米，竟傳出已流上市面四十幾噸。

此一青天霹靂的新聞，對原本已生產過剩的稻農及農政單位而言，不啻如雪上加霜，加劇稻農的沒落危機。

根據資料，桃園基力化工於六十八年開始生產後卽已開始污染。環保單位七十二年調查已污染二二·四六公頃，七十六年達三十五公頃，等到今年八月展開大規模調查時，赫然發現污染區可能已達六十公頃。

然而，這就是問題重心所在：爲什麼七十二年卽發現污染，且是日本水俣事件翻版的痛痛病，居然要等到五年後才開始大規模調查呢？

在此調查之前是否已有污染米流出，流出多少呢？

而基力化工爲何還能不停工而繼續生產呢？

另外，這份由環保、農政單位合作展開的調查報告已於九月初完成，理應早日公布，以使地方農會、衞生單位有所因應，但是農民根本不知道檢驗結果，以至於稻米賣給糧商，而糧商又將之包裝爲「濁水米」，流落到市面上來，嚴重地危害到消費大衆的人體健康。

這或許就是我們的檢驗單位作業程序必然的結果吧！不管鎘米汚染可能造成的人體傷害會有多嚴重，他們永遠比現實慢一步。像寓言中的驢子一般，追在汚染的蘿蔔後面，而蘿蔔卻永遠懸掛在前方，至死都追不上。而民衆健康就在這追逐中犧牲了。

我們無法估計此一事件將傷害稻農有多深，而僅能呼籲農政單位公布品牌，並立即回收銷毀，別再讓稻農陷入更慘烈境地。

（一九八八年九月十三日）

鎘米問題之二

鎘米四十噸流至市面一事，已引起市民對食米的恐慌，預料對原本價格相當低落且極需保護的稻農，將是又一記沉重的打擊。

有關的農政、衞生、環保單位理應好好進行協商，儘速與農民和糧商聯絡，以便收回流落市面的鎘米。然而令人遺憾的是，這三個單位竟互相推拖拉，大打責任太極拳。

環保署說，環保署只負責土壤汚染防治工作，稻米汚染外流的問題應由農政、衞生單位負責。而衞生局則強調，環保、農政單位在採樣時既已決定將結果告知他們，但迄無下文，顯然受騙了。而農委會則表示，由於環保署遲未公布調查結果，以致鎘米外流，這並非農政單位責任，他們只是負責稻米收購及處理。

像剪刀、石頭、布的循環一樣，一物尅一物，彷彿誰都沒有責任，但鎘米確實是外流了。

而事實上，根據資料顯示，環保、農政單位的調查報告遲未公佈，實爲癥結所在。正因此一調查報告未公布，以至於下游收購、防汚、休耕等作業全部無法進行。在這個癥結上，環保署實有非擔當不可的責任。

然而，追究責任是一回事，處理善後一回事。目前的當務應在於儘快追查鎘米流向，以儘快收回，否則不知將影響多少人健康。尤其，昨日公布的三協米廠負責人已公開宣布是遭外面糧商仿冒，因而，如何追查鎘米將是煞費周章之事。但是追究其實也不難，只要由農民處下手去查清楚，卽可往下追查，收購回來。

我們只想勸這三個單位一句話，「追」比「推」更重要。

（一九八八年九月十四日）

鎘米問題之三

鎘米汚染事件發展迄今，已日漸有演變爲「武俠連續劇」的可能。這正如「中原」武林三大高手互拚內力，把一個無人敢接的責任燙山芋硬拚在三人之間，就在衆人即將力竭之際，俯首一看，驀見那蘆竹鄉公所、桃園縣政府赫然在下方，三人互使一道眼色，內力齊放。一個燙手山芋便掉到地方行政單位頭上。

這個燙手山芋就是鎘米外流的責任歸屬問題，農委會推說檢驗結果沒出來，衞生署說汚染確定，但不具收購責任，環保署則說農地農業汚染的稻米收購責任在農政單位。三大中原高手將一個燙手山芋逼在中間。

孰料一追究汚染稻米的收購問題，衆人目光一齊聚到執行單位的桃園縣政府、蘆竹鄉公所身上，於是農委會說：今年五月間各有關單位已曾會商決定，由蘆竹鄉公所切實督導農民分開存放暫勿流入市場，因而鎘米外流蘆竹鄉公所難辭其咎。

然而，蘆竹鄉鄉長陳宗賢卻也「回招」道：鄉公所在執行上困難重重，由於缺乏經費，又要農民保存稻米，怎麼說得過去呢，他表示曾要求中央單位先行收購未果，現在發生外流又怪鄉公所實在非常不公平。

於是這個燙手山芋又被打回到中央了，演變爲中央與地方權責誰屬的問題。然而，若是再往下追究，到底誰該負責任呢？預料在地方與中央的內力拚鬬中，一定會有人負責任。那人就是新臺幣，因爲兩邊最後一定會把責任推到沒錢收購稻米，才會發生鎘米外流。到這時這個燙手山芋就有了「歸宿」了，而且從中央到地方誰也沒有責任。

（一九八八年九月二十日）

鎘米問題之四

今年夏天，美國中南部大旱，國會曾授權行政部門，建立穀物遭遇天災的國家補償法案。這項措施一則以穩定美國農業經濟，一則以安定農民生計，意義不可謂不大。

今年八一四大水災時，我們在臺灣看見許多官員到鄉村去巡視，軍方亦協助救災，民間企業捐款、農委會撥款補助，但終究是一時權宜之計，未曾建立農業遭遇天災的國家補償制度。這時，我們的國會在哪裏？

幾年前綠牡蠣事件發生時，造成一陣牡蠣食用恐慌，蚵民損失不僅在當地受污染地區為然，全省蚵民皆同蒙價格下跌的打擊。這時，理應儘速建立污染賠償制度，使污染工廠賠償責任確立，使公害糾紛制度確立，才能敉平紛爭。但是我們的立法院並未有立委提出任何立法議案，只是以口頭、書面質詢，叫叫而已。

同樣的，鎘米外流事件中的賠償目前雖由地方政府代墊，但未來如何向污染工廠索賠仍將問題叢生，而污染底泥的清除也會浮現污染處理作業程序的問題。像這樣的重大社會事件處理，都需要有法理依據，但是立法部門又做了什麼？行政部門的缺失有誰去追究？其它如勞基法、工會法，立法部門也亟需召開公聽會，以聽取民間意見，作爲未來修法依據。但立法部門既未予以重視，也未做專案研究。

然而，在恢復課徵證券交易所得稅這件事情上，立法部門顯現出前所未有的熱心，甚至不惜引用憲法，展開連署提案，企圖變更行政院的政策。這個案子雖因財政部宣布修正措施而取消，但「司馬昭之心」路人皆知。若是由於政治利益，爲何有關勞工、農民法案都不願提？若不是爲了金錢，還爲了什麼呢？對比於美國國會，這就是我們的立法院嗎？

（一九八八年九月）

鎘米問題之五

牽涉到農政、環保、食品衞生三大中央機構的鎘米外流問題，目前雖因農委會全力出面協調處理，地方單位配合收購而暫告一段落，但是事實上，問題絕對沒有結束。

它至少還有幾件重大問題值得追踪：

①外流的鎘米回收問題。由於鎘米外流後，經查糧商及農民，發現已予製成小包出售，但該糧商否認曾收購，且宣稱出售的鎘米是仿冒者所製造。如此一來，外流的鎘米竟似水銀洩地，無處追查。這件事的追查責任理應在衞生署食品衞生管理處，但迄今並未見到衞生署拿出任何具體行動。這不免令人懷疑衞生署在食品衞生管理上的能力，因連鎘米這麼喧騰一時的公害問題都可不管，更甭談各種食品了。

②污染地區的全面清查問題。事實上重金屬污染區不僅在蘆竹一地，中南部尚有幾個電鍍區，南部廢五金專業區污染亦相當嚴重。這些地區農田有無污染，稻米有無管制，事實上

並未見到環保署有總清查的意圖。由此可見，環保署在動作上慢了半拍，而慢半拍就是這次鎘米外流的根本原因。因此環保署應拿出魄力儘快全面清查。

③付給農民的收購稻米金額爲數不少，目前雖有政府機構代爲收購，但依汚染者付費原則，基力化工的賠償責任不可不追究，而農委會也應全力追回這筆錢，免得又是納稅人當寃大頭。

從以上三點來看，鎘米汚染只是一件個案，一個段落，它是另一個追查的開端，有關的三個主管機關，不可輕忽視之，逃避責任。

（一九八八年九月二十四日）

官督民辦該結束了

不少與農業相關的民間組織，諸如農會、漁會、水利會、青果合作社等民間團體，都帶着清末的「官督民辦」的性質，以至於產生各種弊端與問題，甚至演變至今，成爲異議團體抗議的對象。八一六蕉農抗議青合社活動，其實只是這種官督民辦人民團體所衍生的問題之一。這些人民團體在表面上是經由會員選舉產生，且在經費籌措與運作上亦由該團體自行負責，但實質上卻有無形的政治力在背後操控，使這些人民團體成爲派系、政黨運作的基礎。

而更爲奇怪的毋寧是：這些人民團體不僅肩負民間組織的功能，更負有傳達政令與政策，甚至代爲行使公權力的功能。

農會行使收購稻穀、換肥，以及如今實施農保的權力，等於是幫政府收農業稅。而水利會則負責水利工程，代收水利費，農民未繳時還可予以制裁。漁會也負責魚貨估計、課稅、漁民組織、對外國協調訂約等工作。青果合作社亦然，當蕉農需要「特別照顧」時，就全量收購，當然也有與其它部門協調的功能。

這種官督民辦的人民團體既負有傳達政令又兼具公權力的性質，政府或執政當局自然必要加以監督，以免使公權力走樣。但相對的，它也距離人民愈來愈遠，而幾乎要成爲公家機構了。這結果便是民情難以上達，而特權、派系、腐化、貪汚、假公濟私的情況，時時發生。問題也出在這裏，由於它是人民團體，民意機構也無法加以監督，促其改善。

到最後，它只剩下一個功能：政治運作。而不幸的是，它是最不堪的派系政治。這便是「官督民辦」人民團體的害處，也是導致農民抗議的根源。站在未來民主化、制度化的立場上，這種「官督民辦」情況應該早早結束，使權責更清晰合理，責任政治落實下來。

（一九八八年八月十四日）

不一樣還是「部」一樣

在社會運動蓬勃興起，勞工、農民等相繼發展異議性團體之後，農業部、勞工部的設立應具有相當的意義。

然而，我們眞正擔心的倒不在於由農委會、勞委會改爲部會之後，是否能緩和及解決問題，而是改爲「部」之後，有沒有不一樣，或者只是仍依舊慣，「部」，一樣而已。

以現有農民組織來看，最重要的農民相關團體都是人民組織。基層農業輔導交由各地農會來做，而農會則依靠信用部所賺取資金運用，設若有一天，金融大風暴來臨時，農會信用部崩潰，則農業輔導農村建設工作誰來做？農業部能怎麼樣呢？

又例如，現有農會皆由地方派系操控，但農會又肩負農業政策執行任務，如果有一天農會由異議性團體改選成功，則農業政策要如何徹底呢？

另外如水利會、青果合作社、漁會等也都是「民辦」性質。官方只能在旁督導，果眞有一天基層組織不受督導時，農業部勢必被架空爲一個喊政策口號的單位。勞委會功能也可能如此。如果各地方政府內的勞工局無法落實勞委會政策，則除了中央協調與政策擬定外，對實際勞工問題的解決，幫助也不大。這便是中央與地方權責問題不明所致。尤其農業部轄下是一堆「官資民辦」的民間團體，如果不做好組織架構，則這次升格爲「部」是否能不一樣，還是大有疑問，說不定也還是一樣的「部」而已。

（一九八九年三月）

簡單問題誰來回答？

新上任的農委會主委余玉賢昨天抵達花蓮木瓜林區，聽取盜林案之後，他發出這樣的疑問：「商人都可以到深山去盜伐林木，爲什麼我們的人無法上山巡查？爲什麼幾件盜林案總是在盜伐幾年後才發現？」

余玉賢所問的非常單純且合乎邏輯的簡單問題，也正是每個民衆存在心中很久的問題。試想盜伐深山林木，歷經各種關卡，包括崗哨、檢查站、林務局巡山人員巡察、地方交通要道、地方警政單位等等，而運出巨大成批的原始林木，且歷數年不歇。這過程居然沒有人知道，眞是令平凡頭腦者深感困惑。

木瓜林管處的回答是：深山原始林根本無路可進去，森林巡查因造路動輒數百萬元，無法全面看管森林。但這回答仍未答覆余玉賢的疑惑：爲什麼他們進得去，我們進不去？

不僅林業問題如此，連環保問題也是。後勁地區中油污染已到點香菸都會爆炸傷人的程度，爲什麼民衆看得到，傷得到，而中油與環保單位沒看到？以往彰化地區臺塑空氣汚染已使居民路過皆掩鼻閉眼，爲什麼環保單位沒看到、聞到？乃至於苗栗客運這兩天的爭議焦點——勞動契約，資方的勞動契約明顯違反勞基法，事情也鬧得乘客怨言四起，但勞委會、縣勞工科似乎都沒有反應。

這些事情都可以印證余玉賢的話：「爲什麼他們可以到深山，我們的人卻到不了？」這個簡單問題也證明另一件事：有太多人在睜眼睛說瞎話，明知問題不處理，甚至縱容包庇。

（一九八九年二月）

照顧市民 農民呢？

爲了平抑房價高飇現象，使國人恢復民國七十四年的購屋水準，行政院昨日原則同意經建會負責研擬的「興建合宜價位住宅方案」，將於未來八年內將都會區周邊的五千公頃農業用地，變更爲建地，並採區段徵收的方式取得土地，興建合宜價位的住宅，供中低收入所得的民衆購置。

對於經建會爲平抑房價狂飇所作的此一方案，其立意是値得肯定的。然而，此一方案對農業所造成的影響與衝擊，卻是在未來的規劃中不可不注意的問題。

首先，就農業資源的整體規劃來看，目前仍未有全面性的農業資源總調查，亦未建立未來農業發展區域的合理規劃。在農業規劃尚未完成之時，徵收北、中、南三大都會周邊的農業用地以建國宅，雖可緩和房價於一時，但對農業整體資源卻將發生影響。這影響包括了國宅附近農地的商品化、投機化，農業資源的收縮，農產品生產地與消費地距離的拉長，供銷秩序的調整等等。這些問題都是在此項方案付諸實施之前應該想到的。

再其次，就房價的平抑來看，固然可使部分中低收入者住者有其屋，但周遭仍被劃在農業地段的農戶卻不會那麼心甘情願，而更爲嚴重的可能是：由於國宅的帶動作用，附近土地變成投機財團大炒地皮的所在，農村土地的買賣盛行，土地所有重新整編，併入大財團手中，屆時要進行非法的地目變更、改建住宅會極其容易。如此，農民的未來出路，將形成另一嚴重問題。

我們希望經建會在立意照顧中低收入者住的問題的同時，也應顧及農村經濟與農民出路，否則解決一個問題，卻衍生無數問題，終非良策。

（一九八八年十二月二十一日）

農保赤字應有準備

取消七十歲以上農會會員不得投保的規定後，再配合每單位農戶可隨時轉換農保被保險人等因素，已造成「危險集中」。據勞保局統計，自光復節全面試辦農保後不到兩個月期間，在投保當日死亡或投保兩三天內死亡預取喪葬津貼的件數高達一百餘件，給付金額超過四百五十萬。

勞保局有關農保的此一訊息透露出幾個攸關農民的重要關鍵：

①由於以往並無農民醫療保險體系，因此農戶的數年收入可能不夠支付生命老病時最後的醫療費用，在以往未有保險情況下，農戶的負擔必然非常重。如今由於有了保險，且農戶可轉換被保險人，因此一些重病患者被家庭視爲最急需者，推上保險列車，以便治療。

②由於投保者皆爲重病患者，相對的喪葬津貼的件數自然增加。目前農保投保金額一律爲九千元，而這些被保險人死亡後能拿到喪葬補助費四萬五千元。因而造成勞保局憂心明年

當農保全面開辦後，農保財政赤字勢必非常嚴重。

對於農保的「危險集中」效應及未來可能發生的赤字，我們認爲這不能僅由帳面上的財政數字來看待。要知道，農保之所以形成「危險集中」實與農業總人口結構老化有不可分的關係。老化與死亡乃爲人類生命的正常，因此，財政赤字是必然的。

再其次，就照顧農民的政策大方向而言，是具有安定農村生活作用的。既然是爲安定農村的社會效果而設農保，則財政負擔也是必須負起的責任。

目前長期以來未受醫療保險體系照顧的農民以最需照顧的重病患者爲首要加入農保的對象，其實是極悲哀的現象。我們希望無論財政赤字有多大，政府都應早做準備，絕不可變更或延緩農保的全面實施。

（一九八八年十二月）

仙拚仙害死猴齊天

臺灣形容二虎相爭，害死一旁無辜者是：仙拚仙，害死猴齊天

中美經貿談判，其主因在於美國爲世界最大物資消費國，但生產卻偏低，這正如一個人長期入不敷出，自然造成大量赤字預算，負債累累。所幸美國有各式各樣第三世界逃漏資本不斷流入，塡補其空缺。但長此以往，終將造成經濟危機，於是美國乃以其大量消費能力爲資本，進行各種經濟談判，尤其是輸美依賴至深的小國爲然，用以推銷其剩餘產品。而臺灣便是其中之一。

爲了維持外貿導向的經濟成長，以及保護工業產品出口的優惠條件，中美貿易談判中便不斷以進口農產品的放寬爲談判重點，一步一步失陷。從蘋果到柳橙，從柳橙到各種水果，如今又開放火鷄肉進口，可說是中美貿易談判的「成果」。遺憾的是，這成果僅由工業資本企業主得享，保住了其外貿優勢，但卻犧牲了臺灣農民的利益。果農、鷄農都是這談判下的

犧牲者。

我們看到的圖景因而是：工商業部門與美國談判，但卻害慘了與工業出口無關的農業、農業相關部門，而至少目前農委會畜牧處長已辭職了，這不是「仙拚仙，害死猴齊天」嗎？

如今農委會的辦法是儘量以各種補救方式協助鷄農的產銷，但結構性問題不僅在鷄農，而是農業部門中的各種農民。如果仙拚仙年年上演，眞不知農委會能救活幾個「猴齊天」？

（一九八九年元月）

豬母牽到牛墟去

臺諺有道是：「豬母牽到牛墟去」，意味一隻要賣的豬母埋應拉到豬市場，但卻牽到賣牛的牛墟，簡直是「牛頭不對馬嘴」，太過誇張了。以這句話來形容最近討論小麥徵收差異金的報導，以及對「高糧價政策」的抨擊，實不爲過。

討論麵包漲價及小麥徵收差異金所持的依據在於：政府口口聲聲要以各種政策來抑制通貨膨脹，例如利率等等，但卻提高米價，又要徵收小麥差異金使麵包成本上漲，如此一來必然導致所有物價跟着飛升，通貨膨脹必然來臨。此一立論的另一依據則是：民衆必然受不了，所有消費者應羣起表示不平。

此種思考方法的盲點在於：將米價、小麥價格視爲導致通貨膨脹的首要指標。事實上，在七〇年代，卽使將米價抑低在極低的價格，以作爲供應便宜勞動力的基本條件時，通貨膨脹照樣發生。而十幾年來，米價變化不大，房價卻跳了幾十倍，通貨也漲了幾倍。這顯示出米價是抑制在過低的水平，且米價的漲升亦不見得必然引起通貨膨脹，因當前通貨膨脹的主因在於過多游資氾濫，而少數資產（如房地產）爲部分人握有所致。游資氾濫爲房地產、股票、六合樂的狂飈等等問題，與同佔市民生活甚微的米價、麵包價比較起來，更爲直接重大。

再其次，小農制的資本主義發達國家（如日本）莫不以各種政策保護其農民，徵收小麥收益金更是補貼保價收購所必須的經費來源，若非如此則在國際分工的不平衡關係下，臺灣農民任由進口農產品衝擊，當然只有崩潰之一途。更何況，如果不徵收小麥差異金以作爲補貼，難道要由全體納稅人來負擔補貼嗎？難道所有納稅人都吃麵包嗎？這是無論如何也說不過去的。

資本主義國家工業發展，農業沒落已是必然局面，因此農業保護政策完全必須。選擇進口便宜農品課稅以補貼農民損失，也是一般的選擇而已。如今，以不相干的物價和通貨膨脹爲由而反對米價麵包上昇一點，除了「豬母牽到牛墟去」之外，實難形容。

（一九八九年元月四日）

豐收的悲哀

今年的柳橙又盛產了。橙黃而幾至於金色的柳橙在冬日艷陽下閃映豐美無比的光澤，對傳統的農民而言，這是豐收與美好的季節。然而在今日的臺灣農村，這卻是跌價與哀傷的訊號。

由於今年沒有大颱風，天氣也還稱得上風調雨順，柳橙的盛產是可以想見的。在預知盛產情況下，省農林廳、農委會本該早做準備，在產銷秩序的調節系統做好平衡供需的調整。然而很遺憾的，我們並未看到行政系統有任何因應調節的準備，反而又是有洞塡洞的急就章做法。臺灣省農林廳的做法是：決補助設置鮮果汁促銷零售站，在各大都市推銷現榨柳橙原汁並徵求特約商店、餐廳，給予補助，鼓勵客人在未進餐前先來一杯現榨柳橙汁開胃……。

農林廳的此一「請客作風」對種植柳橙的農民有多少助益，我們不得而知。但就作法來看，也還是「宣傳效果」重於「實際行動」。因爲省農林廳以一行政單位做「促銷行動」所能發揮的效果非常有限，尤其在人力限制、設點選擇上，可謂「點點滴滴、杯水車薪」。而農林廳居然要以這杯水車薪去挽救柳橙盛產所可能帶來的跌價危機！

熟悉柳橙市場的人士都很淸楚，柳橙的產地市場正在跌價，但消費市場售價變化不大。其原因仍是最古老而且談得都熟爛的「產銷問題」。今年也不例外。但年年說，官員也年年說要改善產銷秩序，但到了柳橙豐收時，問題又一樣浮現。

豐收，這原本充滿富足美好的景象，如今卻成爲悲哀與跌價的根源。我們實在不了解，有精力搞促銷活動的人，爲什麼不把精力花在做好產銷秩序上，而眼睜睜看着一樣的問題，一樣的發生；一樣的豐收，一樣的悲哀！

（一九八八年）

高貴與傖俗

高貴與傖俗

正當傳播媒體與行政部門爲貓熊能否進口一事，鬧得不可開交之際，一則小小的新聞出現在報端。而這則新聞恰恰好爲我們有無飼養貓熊的能力作出見證。

消息是這樣的：政府列爲保護的復興鄉拉拉山珍獸——臺灣狗熊，原本棲息在未開發的原始林山區，但最近由於天候較寒，山中食物匱乏，狗熊遂下山尋找食物。狗熊出沒的消息傳出後，許多山胞民衆組隊上山獵捕，其中有一戶歐姓人家，在巴陵、溪內交界處捕獲一頭重達百餘斤的大狗熊。由於捕捉是違法行爲，因此捕獲後此君卽宰殺烹食，並邀得親朋好友大快朵頤，另出售熊膽及熊掌得款近十萬元，發了一筆小財……。

這一則小小的地方新聞夾在大量討論貓熊生態與保育的文章之間，確實令人不勝感歎。同樣都是熊，只是長相不一樣，但生長於四川山區的貓熊卻因模樣可愛而成爲動物園英雄，飽受國人垂憐與關愛，甚至大作民意調查；反觀臺灣卽將絕種的狗熊，因天候寒冷下山尋找食物，反倒成爲人們的食物。

嘴上舔着狗熊的肉渣殘汁，然後前往動物園參觀貓熊並宣稱「我們愛護動物」，這是什麼樣的圖象呢？臺灣本身的動物日見其稀少了。世上唯一的臺灣雲豹已不見踪跡，年前還有人傳說看到足跡，但也不見踪影，梅花鹿更是只能在動物園中見到。這些動物是一經消逝，卽永遠地從地球上絕種，與恐龍一樣，只能見到化石了。

吵着要讓貓熊進口的人們實在應該自問：一個舔著狗熊之掌的人民，能眞心愛貓熊嗎？何以獨愛貓熊而吃狗熊呢？

（一九八八年十二月）

貓熊來臺定居芻議

為了貓熊能否進口問題，行政院農委會畜牧處人員昨日去參觀木柵動物園，以檢定其有無能力畜養世界級稀有動物——貓熊。而北市動物之友協會則全力奔走，促成此事，因貓熊的進口將再創動物園高潮。

然而，貓熊的進口在農委會考慮中將牽涉到三個層面的難題：①有無直接貿易行為；即動物類進口有無直接貿易，但貓熊卻是贈送，也並非交易。②檢疫證明誰來提供？若是中共提供有效嗎？③國際保育組織的反對聲浪；因貓熊總數僅剩千隻不到，華盛頓公約禁止其任何營利交易行為。

農委會日前表示，此事未必要請示行政院，一周內即可作成決定性答覆。由此一態度來觀察，貓熊進口的可能性似乎日漸降低。因若要進口則牽涉層面複雜，必然要報行政院，若不進口，則農委會似乎就可決定了。

然而，要怎麼樣才能在目前「彈性的大陸政策」中找到出路呢？或許立委洪文棟可向教育部申請，名義是「大陸傑出知名人士」來臺。該辦法中規定，非共產黨員的傑出知名人士可申請來臺參觀訪問。而貓熊既非共產黨員，又是國際級的傑出知名人士，有關牠的著作亦可以「等身」計，因而可以向教育部申請，讓貓熊來臺訪問。而農委會也可藉此踢出一個皮球哩！

但問題在於貓熊不是來參觀，而是「被參觀外加定居」因而更形複雜，可能向教育部申請外，還得向內政部入出境管理局申請「定居」，並辦理一些手續。然而貓熊在臺有無親戚可資申請定居呢？好像也有，即臺灣山貓與狗熊。

透過這些辦法，貓熊或許能夠「來臺定居」了吧！

（一九八八年十二月）

灰面鷲的相逢

每年秋日約莫十月，恆春鎮、滿州鄉一帶的青空中卽開始盤旋着紅尾伯勞、赤腹鷹及灰面鷲的身影。這一批候鳥從西伯利亞、中國大陸東北一帶，穿越海峽、自北方來到臺灣的南方小鎮過冬。

到過滿州鄉一帶的人，目睹着灰面鷲盤旋青空，隨風飄盪的英姿，心中都不免昇起難言的感受。既驚歎於天地造物之微妙，更驚異於灰面鷲小小的身軀、眼神精光與無比的堅毅生命力，竟能使牠由北方極冷的西伯利亞一帶，橫越海峽，來到臺灣南方小鎮，與這島上的居民有了一季的相會。

來到南方過冬的候鳥事實上有很多，且不僅止於赤腹鷹、灰面鷲、紅尾伯勞，但是由於恆春的溫暖，使之常盤旋於此山區，形成冬日的特殊景觀。

然而，也正由於灰面鷲之美，它也成了當地嗜獵者、鳥類收購商、標本製造商獵捕的對象。秋冬夜晚，上山獵捕之事時有所聞。墾丁國家公園警察隊雖派人巡邏，但終因人力有限，無法全面嚇阻這些事。

從北方跨海而來的灰面鷲因此帶着悲劇的色彩，翔飛的身影也令人想起藝品店內的無生命的死擺飾，而充滿傷感。

在自然生態系內，鷹、蛇、鼠形成一個相剋的平衡系統，當鷹蛇消滅，鼠輩即告橫行，林務局許多種植林木被松鼠啃噬死亡即爲一例。然而，由於蛇鷹的高經濟價值，目前還在不斷獵捕中。

呼籲愛護鳥類的文章已經很多了，而且似乎很難抵擋經濟利益的誘因。但我們還是要再說一次，請珍惜北方來的候鳥，在那小小身軀中飽含着人類無法迄及的堅毅生命力，請珍惜這每年一度的相逢，不要虐殺過客。

（一九八八年十月）

人不如鯨

三隻大灰鯨被困在阿拉斯加的浮冰裏，由於天候愈益寒冷，灰鯨若不救出將遭凍斃。美國阿拉斯加官員已派一架直昇機運送一艘破冰船前往北極，希望在水陸兩方面同時擊破不斷凍結的厚冰，以救出被困兩周的加州灰鯨。

這項挽救灰鯨的計劃動員了環境專家、工程人員、破冰船技術人員等，它將花費多少人力物力，我們無法知悉，但是態度之謹愼與備受重視則是無可置疑的。

反觀此間的汚染問題，則令人愈發感到不可思議，而生出「人不如鯨」之歎。在鎘米汚染地區的桃園縣蘆竹鄉大潭村，居民可能食用含鎘量過多的米而導致「痛痛病」。而痛痛病的病因是因鎘進入人體後會取代骨骼中的鈣質，而使骨頭變得鬆脆，到最後會變成全身骨折。日本痛痛病個案中死者經解剖後發現全身一三七處骨折即是一例。

這樣嚴重的病症與可能罹病人民，我們未見政府拿出具體的全面健康檢查與病歷追踪措施，甚至連污染工廠都是居民自己去圍堵才停工，人命不值錢、不受重視，比之於鯨魚，實在與體積成正比。

而在綠牡蠣發生的地區，迄今賠償案仍未解決。大量死亡的牡蠣的生命，在生物界中難道不是與鯨魚等值，同樣是生命麼？然而，大量死了就大量死了，也並未見到官員提出挽救計劃。

再看看臺灣西海岸的污染狀況吧。漁民起而索賠層出不窮，已顯示出魚蝦嚴重死亡之情境，而上游溪流的污染與死亡，早已是不爭的事實。其中又含有多少生命呢？

看看別人挽救鯨魚，看看鎘米、綠牡蠣、海岸污染，眞令人傷感而大歎「人不如鯨」！

（一九八八年十月）

是天災還是人禍？

八一四水災的災後復員工作正在展開，但是有關官員對於造成水災災情如此嚴重的結構性原因，除了歸諸天災之外，並未進行更深入的反省與探討。

一般而言，水患的發生除了天災之外，還有人謀不臧的因素。而反觀這次水災，降雨量並非歷年來最嚴重的一次，但災情卻嚴重至此，可見人的因素不能排除在外，這因素又是歷年政策與經濟發展而造成的。

此次水災最受指責的部份是「上游水土保持不良」，亦即迭經森林濫伐、濫墾、開發山坡地之後，臺灣森林的水土保育功能已逐漸喪失，一遇大雨，大水自山上奔騰而出，造成下游水患。而森林濫伐又與林務局作爲「事業單位」爲賺錢而砍伐原始森林有關，同時各種官商勾結的盜伐、濫墾也難辭其咎。

從下游來看，則是水利會的責任。長期以來由於農業日漸萎縮，農村排水、灌溉系統的功能也相形惡化，不少農民早已在平日抱怨水利會只收水租，不管灌溉排水，此次大雨等於是讓水利會功能的淪喪攤在陽光下。

從上游水土保持不良與下游排水功能降低來看，這次水災，林務局與水利會都有無可推卸的責任。如果再從這兩系統能否改善來看，則我們不得不感到悲觀，因爲森林不是一朝一夕就能復育，而水利會排水工程幅員廣濶，也非短期能解決。

在這種上下交相煎的情況下，我們唯有期待天空別下太多雨，否則夾在中間的農民將難以承受，而往後水災只會愈來愈嚴重。

（一九八八年八月十九日）

來電的感覺與負擔

爲了讓核四廠興建案起死回生，臺電決定自明年起在各地舉行一系列的「核四大辯論」活動。據了解，臺電將舉辦類似大專盃辯論賽、校際辯論賽等，至於傳播媒體方面，臺電擬與中視、中廣及《中央日報》合辦辯論賽。除了各廣播電臺外，還有插播宣傳、公車車廂外大型廣告等宣傳活動。而單就印製刊物費用，亦將由今年的二百卅萬元，提高十倍，高達二千五百餘萬元，全力向民衆解說核能電力與民衆的關係。

這連串的舉措，令人訝異難解。因核四廠本爲一重大公共工程，它首先應經過環境影響評估、安全評估等程序後，始能確定其應否興建。然而，作爲電力供應的獨佔性公營企業的臺電卻並未客觀中立地去進行這種評估工作，反而是先預存立場，以興建核四廠爲宗旨而發起各種活動，這是令人不解之一。

再其次，二千餘萬元印刷品，及恐怕要上億元的各種廣播、電視、車廂廣告，所花的費用俱皆爲電力消費者（幾等於全國民衆）所付出的。民衆到底要選擇煤、石油，或核能發電，甚或對電力管理是否滿意，臺電恐怕並未知悉，但卻已先拿了消費者的錢去宣傳核電，這又怎麼能說服全部電力消費者呢？這是令人不解之二。

在贊成核電與反核電者之間，雙方立足點根本不同，一方有大量預算爲本而宣傳，一方卻是零散民間組織，則贊成與反對的聲浪怎麼可能公平呢？這是不解之三。

因此，臺電要舉辦公開辯論的方式雖值得贊許，但現在已到處貼滿「來電的感覺眞好」的廣告，這卻是比賽未開始就先偷跑的動作，實在不是公平遊戲。要知道，來電的感覺之後，願不願承受來電的負擔，已不僅是臺電的事，而是全民的事了！

（一九八八年十二月七日）

人多不如錢多？

颱風繞境的陰雨綿綿之中，臺北市的街頭出現鮮明對比的兩種場景。最爲鮮明的莫過於十月三日下午的場面。

三日下午，三、四十人的後勁反五輕「接力絕食」民衆默坐經濟部前，身披「絕食等死」白布條，但並未引起多大注意，而經濟部方面也未做成明確表示。

然而同日下午，三、四百名股市投資人羣聚在國民黨中央黨部前的場景卻迥然不同。他們衣著光鮮，爲錢而來。他們獲得了執政黨的重視，當日下午六時，財政部長郭婉容就宣告修正原本決策。

隨後的發展是：後勁反五輕民衆像「都市遊牧民族」一般，從經濟部前被舉牌撤退，又從立法院前被舉牌子驅走，今天下午又被以違反集遊法在中油總公司前遭到舉牌警告。雖然他們獲得中油方面關永實總經理的協調，但由於層級過低，未獲結論。

而股市人近日來在獲得修正成果後，更進一步要求分離課稅等條件，頗有食髓知味的味道。

於是我們看見政府在處理財政與環保問題時，極其鮮明對比的兩種態度。一是面對地方性反公害運動，以拖延不決來面對，而聲稱建五輕是既定政策。而後勁的底線事實上已很清楚：「以一年爲限改善污染再談建五輕」，但政府仍不答應。

而股市人的壓力卻挾着財勢、人勢、權勢大舉壓境，政府立即黨政協調，進行修正。環保與錢財孰重，清楚立判。

然而錢潮若是有效疏導，幾年內便會過去，但環境問題卻關係着子子孫孫的生存環境。眞不知政府到底是看向未來？還是看眼前壓力辦事？決策若是過於短視，實在令人憂心！

（一九八八年十月）

讓居民自行票決

應否興建五輕在股票、政治動員、街頭抗議、環境影響評估等連串動作之後，昨日又公布中油委託民意調查文教基金會所作的調查報告。

公布這份報告的民意調查基金會的重點擺在「民意」到底贊不贊成興建五輕之上，但卻忽略了「後勁民意」到底贊成與否。於是出現這樣的問題：到底興建五輕應該看「誰的民意」？是後勁居民？還是企業家？還是所謂意見領袖？

有趣的是：對五輕若興建在自家附近，企業家最不表贊同（佔三九・三%），民衆居次（三七・五%），而絕大部份是看情形而定。而這個「看情形」的變數就包括着：平日有無污染、受害感、自救運動會否興起、環境意識強弱、中油溝通情況等等。所以，贊成建在自家附近者畢竟少數。

更爲值得矚目的毋寧是：無分一般民衆、大學教授、意見領袖、企業家大多贊成興建與否需獲得當地民衆同意（高達六九·四%以上）；尤其一般民衆的看法更是高達八二·一%。這顯示出民衆的民主化素養並不比其他人低。

矛盾之處卽在於，旣然大家都贊同應徵得當地居民同意，爲何中油不願將早已委託學術機構所做的後勁民意調查公布呢？

更明確的說：旣然大家都贊同應尊重當地居民意願，何不乾脆讓後勁居民公民票決要不要五輕去建廠？如果後勁居民的民意公民票決都不同意，還需要什麼「民意調查」呢？

（一九八八年八月）

死因還不明白嗎？

臺電於一九八八年六月三十日發表對林口火力發電廠以降一帶「綠色長城」死亡原因的調查報告，並肯定連綿數里、日據時期至今的防風林的死亡主因是「鹽霧」，亦即海風由海上帶來含鹽成分而導致樹林死亡。

然而這樣的說詞卻仍有一個疑點：海岸上的防風林本身即具抗鹽性，其功能即在海濱保護內陸地帶的農作物，而且自日據時代至今，這片防風林與海風共生共存至今而未死亡。不料林口火力發電廠開始運轉的次年，防風林即告開始死亡。這不得不令居民懷疑防風林之死與電廠有關。

其次，臺電內部改善防硫設備與改採低含硫量燃油作爲發電能源，也相對證實此一事實。前年中油曾宣布爲「防止酸雨與污染，中油將生產低硫燃油，並首先以供發電廠使用爲重。」中油相關人員並在訪問中表示，曾發生問題的林口火力發電廠是供應重心，尤其低硫燃油產量少，因而必須選重點供應。

這些事實證實了林口火力發電廠與西部海岸線「綠色長城」死亡的關連，也印證臺電將汚染問題推給自然鹽霧、汽車排氣、工廠排氣的說詞，是相當「大而化之」的托詞。但是只要到過海邊現場去看的人都知道，偏僻而荒涼的海邊怎麼可能有那麼多汽車開去那裏汚染呢？

將臺中反農藥廠、鹿港反杜邦、後勁反五輕、觀音反六輕、李長榮圍堵等自力救濟事件，及其效果，拿來與臺電的「大而化之，責不在我」的說詞相比，我們實在無法不相信林俊義教授等人提出「全力支持自力救濟挽救生態環境」，是有其歷史的、現實的根源。因爲汚染源確實有「不點不亮」的性格。

（一九八八年七月）

正視物種的滅絕

在十九世紀末，美洲旅鴿仍多的出奇，羣聚而飛時可遮黑半個天空，當時人們常舉槍獵殺取樂。旅鴿的習性是聚集在櫟林內繁殖。一隻母鳥每年只產卵一枚。後來因櫟林遭到嚴重的破壞，加之人們濫捕亂獵，美洲旅鴿急遽減少。一九一四年，飼養在美國辛辛納提動物園內的最後一隻旅鴿死亡。這個曾經生存於世界上萬年的動物終於在地球上永遠地消失了。

這個故事在臺灣也不斷上演。十六、十七世紀時，臺灣仍是遍地野牛羊，麋鹿滿山走的地方。但曾幾何時，野牛羊絕了跡，梅花鹿只在動物園見到，而臺灣獨有種雲豹已然絕種。這種種情況顯示臺灣的生態保育已瀕臨非「保種」不足以爲繼的地步了。最近的資料亦顯示此種危機之嚴重性。根據農政單位的報告，純種黃牛、土鷄及純黑的小耳豬等臺灣特有禽畜已愈來愈少，農政單位準備花一億元五年時間來「保種」。

動物的絕種，除了生存空間因人爲因素破壞而無以生存外，人類爲「增進生產」而進行的物種改良、外來種引進、交配計劃等原因亦是導致物種存續的原因。

我們實在很難想像曾在農村滿路拉車遊走的黃牛，在農村田野覓蟲的土鷄和小耳豬若只剩動物園內幾隻，將會是什麼景象。不僅此也，即便是純種土狗，在人們大量飼養外來寵物狗之後，品種也日趨繁雜，有一天，純種土狗也會由這世界消失也未可知。

「保種計劃」其實只是消極性的做法，最重要的仍是一種建立在人類與其它生物和平共存，伸出援手的非獨霸全球的生存哲學。如此，對待其它物種才會因不同世界觀而有所改變。

（一九八九年元月三日）

臺灣經濟的不平衡結構

連續發生的兩件大事像地雷一般，引爆出臺灣經濟結構的病癥。其一是股市恢復課徵證所稅；其二是林園工業區遭圍堵而宣告停工。二者在表象上有極大的不同，股市是利益受損者在街頭游動抗議，林園則是受汚染之害者圍堵工廠，造成石化工業的停擺危機；然而，它所暴露的臺灣經濟結構的本質以及國家政策在其中所起的作用，則幾乎毫無二致。

從臺灣經濟的資本構成來看，國家資本佔相當主導性的位置與比例，以企業資本而言，至少佔四分之一強。再加上資本流通的中介——銀行，則是國家對資本的控制，其居於絕對性優勢支配是無可置疑的。擁有控制性資本的政府部門對經濟的發展，可動員各種力量，透過重點工業發展的資本融通與政策配合，以及各種相關投資、減免條例，使之朝前飛躍，如期完成。

然而，動員一切條件的國家政策必然有賴於黨政民間等系統的佐助與支援，因而反過來它無可避免地要給予支援的力量回饋，從而也形成某一些特權系統。而特權的膨脹，則反過來又制約着國家政策的繼續發展。

以股市來看，其結構是呈現倒金字塔型的不穩定狀態。在底部是以少數公、民營獨佔企業、銀行等爲主體的股票控制，國家資本甚至可透過中央投資信託公司等機構進場操控。在某一些特別的節慶月份，基於政治理由，股市甚至可經由「愛國大戶」及國家資本聯合操控而炒成長紅。

這種與大戶連結炒作的關係，遂形成股市的畸形現象。擁有特權的大戶炒作的功能，居於主導地位，投資人經由各種明暗內外管道打聽消息，試圖跟隨大戶起伏。於是股市形成上游爲國家資本、中游爲大戶、下游爲民間游資散戶的狀態。而只要上游稍有消息傳出，股市即波濤洶湧，險惡不堪。同正常資本主義體系下的股份持有人的計算、遊戲規則，大相逕庭。

其結果即是：當政府決策一有風吹草動，股市便翻騰不已。這次股市的恢復課徵證所稅，原本只是證券交易正常化、制度化的一環而已，卻不料因此破壞原來培養出來的不正常生態系統，導致慘跌後果。由此可見倒金字塔的股市結構扭轉爲常態，是何等困難。

石化工業此次危機的性質也是一樣。當政府以十大建設之名與建輕油裂解廠之初，是抱着鄉村工業化與經濟發展升級的理想，重點發展石化策略工業。正因此，政府可以透過黨、政、地方、科技人才等各種配合策略，迅速完成土地徵收、建廠、民間外圍投資、聯合污水處理等程序，從而達成目標。

然而，以國家資本爲上游主導，以民營大企業爲中游輔助，民間中小企業（甚至包括家庭手工業的飄動浮游族羣）爲下游完成的此一石化王國的結構，也是呈倒金字塔的不平衡結構。換言之，在國家至上、公權力至上的號召下，動員一切條件配合的此一產業，根本毋需顧及民間輿情反映與污染所造成的民怨。其結果即是在發展中一邊賺取外滙給大中小企業主，一邊築高民間對污染的「哭牆」。到最後一聲受不了的反公害抗議爆發，此一壁壘竟於刹那間宣告崩解。更荒謬的則是，此一策略性工業，佔出口總値約百分之四十的產業王國，竟是倒塌在自身所設立的環保法令之前。

這或許才是探討今天股市與石化風暴的結構性根源的核心所在。換言之，恰恰是以國家資本加政策所築壘的倒金字塔不平衡結構，禁不起任何底部的鬆動與搖撼，才造成只要稍一動搖，此一結構卽搖搖晃晃。林園工業區的地方性抗議以及公平的制度性課稅就造成股市長黑風暴，已爲此做了註脚。

爲今之計，唯有靠政府本身基於自由化原則，儘量縮小國家資本所控制的範圍，使企業策基於民間的基礎上，才能使資本平均分配到民間，使政策只站在金字塔上方做立法與行政的規範標準，而不要再力圖控制全體。否則，若是倒金字塔結構不能倒轉，則臺灣經濟結構將永遠只是弱質、浮誇，且禁不起衝擊的不平衡結構。

（一九八八年十月）

王國底部鬆動

石化王國的龐大「經濟食物鏈」正在從底部開始鬆動、崩解。這確乎是一次重大危機，其重要性不比股市爲低。

石化王國的「食物鏈」以公營一、二、三、四輕爲主導，民營大企業爲中游，中小企業及龐大勞動力、外銷產品爲下游，建構起來。它呈現倒金字塔的結構。而冠在這倒金字塔的上方則是鞋業、雨傘等世界第一的冠冕，像一則神話。

而危機卽在於建立於最下方且最基礎的是公營企業，而公營企業由於有公權力作爲後盾，因而在處理企業體與周遭居民的關係、污染的防制上，呈現極不平衡的結構。它幾乎是毫無顧忌地盤據在新開闢的工業區中，巨龍般環伺周圍低矮的民房。

最爲明顯的事實是：凡路過高雄大社工業區及林園工業區附近的人，都可聞到一股非動物、非植物所透出的化學惡臭。這惡臭尤以夜間爲甚，因一些廠商慣於利用夜間排放，利用居民熟睡，神不知鬼不覺。這情況若是惡化，則是中油的廢氣燃燒塔排放廢氣時，在夜間，那失常的廢氣燃燒塔火焰上冲數丈，燒紅半邊天空，連晚雲都帶紅，滿村子到處有火光映照。這些尚是可見的，一些排放有毒廢氣的工廠，利用夜間排放造成養殖魚蝦大量死亡，居民一夜醒來，但見死亡魚蝦，還不知要向誰索賠。

便是在這樣的背景下，石化工業因爲汚染一點一滴積累民怨，到最後終而動搖居民的安份認命信念，起而反抗，這時才有人想到「汚染防制」，但爲時已晚。

而結構着石化王國、股票指數與百萬投資人的巨大「食物鏈」，便是由這對地方居民的漠視與傷害，開始動搖。作爲工業區的策劃者，工業局難辭其咎，作爲中油後臺老板，經濟部責任在身，石化王國的動搖，政府不能置身事外。

（一九八八年十月）

請「國家賠償法」上場

林園工業區聯合污水處理廠遭當地民衆圍堵宣告停工迄今，政府單位、廠商、民衆仍在各說各話，似乎無人願意爲污染負責，也無人要爲民衆獅子開口式的索賠負責。

然而，仔細追究污水處理廠的設立過程，即不難理解經濟部工業局責無旁貸，該負賠償責任。當初設立聯合污水處理廠的原因在於：大發、臨海、林園三工業區內石化工業林立，若是由廠商個別處理，佔過多面積，不符經濟效益，倒不如將廢水集中處理後，再予排放。因此，廠商必須逐日付給聯合污水處理廠費用，此即廠商配合工業區發展政策，既已付費，責任已了。但問題在於聯合污水處理廠。

由於各石化工廠所排放廢水內容不一，性質各異，因而一個小小污水處理廠根本沒有能力處理大量廢水，更何況它採取曝曬法，亦即經由陽光曝曬，進行生物分解。這樣簡單的程序怎麼可能處理複雜萬端的石化廢水集大成的「聯合污水」呢？其結果即是此一污水處理廠根本沒有能力處理。

沒有處理能力的汚水處理廠一方面背負處理汚水的廠商託付，一方面排汚水招惹民怨，而終於引發今天的局面。事實上，廠商與民衆都是這「聯合處理汚水，以符經濟效益，節約成本」政策的受害者。

然而，民衆以魚蝦大量死亡來索賠，且附近村子羣聚索討，幾乎漁民、農民、工人不分，實是開下惡例。環保運動若只是走到索賠爲主而非環境保護、防制汚染爲主，極易肇致「看錢不看生態」的地步，而走入歧途。這也是居民該反省之處。

爲今之計，工業局應出面負責，不僅要對付費的廠商有所交代，對民衆亦應有交代，亦即作爲政府機構，它應依國家賠償法在合理範圍內賠錢給廠商和民衆，這才是責任政治。

（一九八八年十月）

超級消防隊

如果你有一排木造違建房屋，內部防火設備不足，時時有着火的可能，而手邊恰好又有一堆閑錢，這時你會選擇把木造屋改建為具防火設施的現代化水泥建築，還是拿錢去組織一個消防隊以備隨時滅火呢？

答案是很明顯的。但這樣簡單的常識推理拿到行政體系的複雜運作中，卻失靈了。

鑑於林園事件的重大影響與接二連三愈演愈烈的環保問題，經濟部與環保署在行政院要求下，火速於昨日完成「公害糾紛爭議小組設置要點」。在此要點中，除將各級環保單位、經濟部、工業局、省建設廳、縣市建設局納入外，也將各情治單位及警政機關一併納入該小組內，以避免指揮、地方機關權責不明，讓公權力又「睡着」了，同時也可動員各種「力量」通力解決。

然而，熟悉公害糾紛問題的人都知道，今天的污染工廠是建立在違反環境法令規定的非法「違建」，而建立在五、六十年代的工業也未符合八〇年代臺灣社會的生態安全標準，因此才會發生野火般的自力救濟事件。而解決之道，即在於利用臺灣現有的外滙存底、游資等「手頭閑錢」，做充份的防汚公共投資，才能防微杜漸。換言之，就是把木造違建改變爲現代化建築，才能免於「野火」。

防汚重點也極易確立，即由公營企業、工業區率先提出防汚計劃，並將該計劃訂出時間表，公開向各地民衆說明，使民衆能理解並按時加以監督，則民衆將可因有所期待而平息爭端。

然而，經濟部、環保署不此之圖，竟反而去設一「跨部會、越地方超級消防隊」，試圖去滅各地的反汚染之火。這種不改違建而設消防隊的作爲，除了令人猜測未來反汚染自力救濟可能加劇之外，更對行政體系的常識邏輯，不勝懷疑。

（一九八八年十月）

海洋污染戰火正酣

對抗污染的民間自力救濟活動，已經由陸地向海上蔓延了。繼通霄漁民包圍中油探勘井之後，高雄縣梓官鄉漁民也以漁船圍堵興達火力發電廠。到今天爲止，圍堵行動已進入第六天，漁船增加到一百一十艘。

高雄縣梓官、永安一帶漁民圍堵的理由是：臺電興達火力發電廠多年來將燃煤發電產生的煤灰拋海，不但污染海洋生態並妨礙漁撈，導致漁民損失，因而要求臺電賠償。苗栗通霄的漁船圍堵也與此相類似。

與此同時，林園工業區污水處理廠廢水溢流，污染汕尾漁港附近海域，也導致居民抗議求償，事件日漸擴大，今天有千人到工業區管理中心抗議。汕尾漁民所持的理由是：污染已有多年，港口漁具、漁船常遭破壞，且海洋生態破壞使漁獲日減，因此臺電必須賠償損失。

這幾件事同時爆發，分明見證一個事實：海洋生態的污染已非常、非常的嚴重，起來抗議的漁民只是其中之一。而更爲荒謬的則是：中油、臺電、工業區無一不是公營企業，而公營企業竟是帶頭污染海域、肇致糾紛的中心。

猶記得兩年前，污染問題正擴大時，政府曾公開表示，公營企業將帶頭防制污染，而公營企業是首要目標。當年在記者的追問下，幾個公營企業都表示，防污設備正在等預算。如今兩年過去了，預算也花了，但防污在哪裏？抗議則不僅未見止息反而擴大，甚至已由陸上抗議「轉戰」到海上。

顯然的事實是：防制污染並未全面在公營企業展開，海域污染也日形嚴重。當時表示防制公營企業污染的經濟部長李達海也已下臺，這一筆責任政治的承諾，又要向誰「索債」呢？

（一九八八年十月）

閹雞

臺灣人有一種習俗，爲了給人助壽或賀禮特別養鷄。爲了避免小公鷄爲其性慾所苦，就在其情竇初開、仰首初啼之際，予以閹割，使這隻公鷄無憂無慾，長得肥美壯碩，再提去送人當禮物。

環保署的當前處境，確乎有如閹鷄般地難堪。成立滿一年餘的環保署原本是在國人的千呼萬喚之下始告成立。而此刻的人力部署、物件配置也初告完成，正是「初曉人事、仰首欲啼」之際。孰料行政法院卻以一紙判決予以閹割。

這一刀就是對林園事件主角的處分。林園事件中的主角——大發、臨海、林園工業聯合污水處理廠既收了廠商的污水處理費用，理應處理好廢水，但未處理好。它不僅未做好防污，且連續排放污水，違反水污染防治法，被高雄市環保局自民國七十六年十一月三日起按日處罰新臺幣六萬元，到最後總計一千餘萬元，污水處理廠不服遂向行政法院提出行政訴訟。最後，行政法院於十二月廿九日正式判決，以高雄市政府所核定兩個月改善期限過短，聯合汚水處理廠根本不可能完成改善爲由，撤銷此一處分。

行政法院的此項判決，無疑是否定了環保署的處分，往後數千家汚染工廠皆可援林園模式，循法院途徑撤銷處分，則環保單位所開出的罰單豈不變成廢紙。而不能處罰汚染的環保署還憑什麼去要求汚染工廠呢？

不能處罰而只能叫叫的環保署，實在與閹鷄無異。雖則長得肥美，但實際作用甚微，對改善汚染能力有限。

而最後的結果可能是：汚染廠商循林園模式走法院途徑，而民衆也循林園模式走包圍途徑，屆時，環保法令與政策，又如何自處呢？

（一九八九年元月）

一條船，怎能反核？

一艘滿載日本青年學生與學者名爲「和平號」的船隻，由於外傳「有強化反核運動」的嫌疑，因此先遣人員在與基隆港務局、交通部航政司協調時遭到拒絕，因此可能無法入境。

據日人油井雅河在記者會中的解釋，和平號是由日本各大學學生組成，到目前爲止前後共計六年，而和平之船的目的，卽是將從不知戰爭爲何物的日本青年以大型客輪，航駛於亞洲各國之間，以重新理解戰爭的現象與本質，從而形成日本社會新型態的和平市民運動。

日本和平之船事實上已曾五次來過臺灣，並曾先後參觀過霧社、忠烈祠等地。但此次爲何被港務局以「沒有碼頭」爲由，拒絕入境呢？原因竟是因某報誤傳該船將開赴蘭嶼支援反核運動，以至於引起「有關單位」重視，怕強化反核運動而予以拒絕。而事實上，該團來臺根本只是「知性旅行」的一種。

從這件事，實不難理解有關單位的某些觀念——尤其是反核觀念，有待商榷。以臺灣反核運動來看，以往根本不曾有過所謂的「民間反核運動」，而是在蘇俄轍諾堡事件發生之後，反核概念始由部份知識分子擴大到民間，再加上核三廠、核二廠陸續出事，然後才有地區團體性的反核活動，之後再演變爲社會運動。

因此，反核運動會不會強化，關係到社會思潮、國際事件以及核能管理是否安全。即使一羣日本人去蘭嶼短暫參觀，根本毫無影響。把和平之船視爲強化反核運動而拒入境，未免過度反應，而且太不正視自身社會問題了。如果因這一小事演變爲國際爭議，代價也未免太大了。

（一九八九年十月）

環保行動應先抓住大目標

環保署最近展開了一連串突擊行動。以藍波、飛鷹、獵鼬、魯班等命名的這些行動，在環保署長簡又新的親自率領下，接連數日轉戰於各地，不但查獲夜間排放廢氣案，也查獲埋設暗管排放廢水案，一時之間令人有雷厲風行之感。與此同時，環保署調動六個處的處長，期以輪調制免去各種關說的壓力；環保署並將五百七十餘名新訓練完成的稽查員分派各地，進行取締工作，凡未進行改善之污染工廠將連續開處罰單，直到改善爲止。

看來這種種積極行動與宣傳措施已經成爲環保署的長期計劃。因爲不久前李登輝總統曾指示：「環保工作要切實執行，做得好的要作宣傳，才能讓外界知道。」簡又新的「御駕親征」加強了媒體宣傳，因而具有雙重效果。一方面署長披掛上陣，等於向業者宣示環保署下定取締決心，另一方面也讓基層環保人員知道此一政策務須貫徹，絕不放鬆。

簡又新署長的做法讓我們聯想起宜蘭縣長陳定南就任之初，執行環保工作的兩大計劃

——青天與碧泉計劃。由於缺乏人手，陳定南破除預算限制，錄用大批環保執行人員，以罰單之所得支付薪資，並派出人員嚴格執行取締工作，凡有不符規定者卽連續開處罰單，直到工廠改善爲止。在陳定南的鐵腕政策下，不到六個月，宜縣境內的水泥廠、紙漿廠果然在無計可施下，紛紛就範。而爲了防止環保基層執行人員因行賄、關說而執勤不力，陳定南也擬定輪調制，以期杜絕金錢與政治的污染。

陳定南模式在數年前卽因宜縣境內的乾淨、無糾紛而名噪一時，被推崇爲環保的最佳典範。而陳定南模式也給予我們若干啓示：①環保問題並非如一般所言「無法可依」，成功與否端看執法者有無貫徹執行的決心；②基層執勤人員若無上級的支持，則易在政治壓力與關說下退縮，甚至廠商爲逃避防治污染工程之成本，而寧可以金錢行賄，造成有法難行的局面；③地方環保局屬地方政府管轄，而地方政府常因選舉的派系以及人脈錢脈的錯綜複雜關係易與地方利益團體掛鈎，因而地方環保局根本無法違逆地方首長的意志而貫徹環保決策。其結果當然是利益團體力量戰勝環保局，而促使各地的自然環境日益惡化。

準此以觀，環保署最近所推出的計劃：藍波、飛鷹、獵鼬、魯班等等的有效性也就値得存疑了。據了解，在簡又新署長連續出擊的行動下，一些地方單位已迭有反彈，認爲中央部門主管豈可揷手地方事務；而更嚴重的則是：地方環保單位的主管，人事任免權悉屬縣市政府主管，環保署僅爲行政督導單位，如果地方執勤不力，甚至暗中包庇，環保署能做的也僅止於在中央政策執行成效檢討會中加以檢討而已。因此簡又新所列出的連串計劃，正與其行動一樣，形式作用大於實質效果，它只是一種宣傳、一種宣告，實際執行仍在地方。如果地方不是上行下效，而是「上有政策，下有對策」，則卽使是御駕親征的藍波恐怕仍是虎頭蛇尾，不了了之。

然而做爲中央部會的環保署，究竟應以何種態度來達成目的？我們認爲污染與公害都是經濟發展的產物，只要能掌握經濟結構中的主幹與脈絡，卽可尋根探源找到下手之處。當前的兩大經濟主幹是公營企業與工業區，而兩者也都是最大的污染源。以石化工業爲例，中油是公營企業，而環繞在中油輕油裂解廠周遭的則是一些以生產初級原料爲主的民營大企業（如南亞、中橡等等），這些民營企業又在工業區與公營企業重疊，互爲輔翼。所以問題最多的便在此。中油遭圍堵固不待言，而林園工業區亦遭到包圍索賠，其理亦同。當高雄環保局對林園工業區聯合污水處理廠連續開出罰單之未獲反應，甚至工業區反以行政訴訟，得到免罰的優待後，便看出地方環保單位對中央級的工業區實有莫可奈何之感。

今天問題的主要關鍵，便在於佔全部企業四分之一強的公營事業與工業區內的公民營大企業。這些工業幾乎佔全國工業比例達三分之二，如果環保局能擒賊先擒王，針對公營企業及工業區進行徹底的盯梢，甚至二十四小時監督，並按日連續處罰，我們不相信臺灣的環境無法改善。同時，當這三分之二的污染已獲改善後，則「青天」「碧泉」的理想實現之日也不會太遠了。事實上公營企業與工業區都與政府中央部門（經濟部）有關，對環保署而言，只要與經濟部做好協調溝通，並通令各地環保局嚴格盯住這些目標，則必可收事半功倍之效。

同理，環保署取締重大建設工程的魯班計劃也一樣，只要盯住若干政府重大建設工程，便可收殺鷄儆猴之效，促使其他污染源銷聲匿跡。因此環保署的功能不僅在列出藍波計劃，或由署長親征轉戰，而是對準最大的目標，並監督基層、協調部會作徹底的解決，這才是環保戰略的致勝之道。

我們必須再三指出，環保大業絕非幾個藍波就可以大功告成，而必須有計劃、有思考、有戰略地由基層到中央配合執行才能奏效。如果環保署能先打老虎再拍蒼蠅，則青天之日指日可待。

（一九八九年九月）

濫闢高爾夫球場影響國土整體開發

誰也沒有料到短短數年之內，高爾夫球會以席捲之勢帶動風潮，成爲臺灣中上階級人士熱愛的運動；當然更沒有人料到一顆小小的高爾夫球竟會牽扯出這麼多的問題與是非。此次若非教育部公布了高爾夫球場核准名單，我們很難理解一項單純的休閒體育活動竟會涉及到臺灣社會的政治經濟脈動。更想不到，高球背後還有一套「政治經濟學」。

高爾夫球之所以能演變成「政治經濟學」，其實是根源於臺灣政治民主化的不足。由於政治經濟決策的不夠開放，以致各種決策的資訊大部分來自耳語。官員們打聽政治行情、人事浮沉、派系合縱連橫；財經界人士打聽財經決策走向等，無不向高爾夫球場尋求最佳的資訊。於是高球場一方面是運動場所，一方面也是資訊場所。

今天問題的關鍵倒不在於球場資訊所形成的政治或經濟耳語，而是急遽發展中的高爾夫球場在一窩蜂設立的情況下，可能爆發出更嚴重的社會資源使用分配不公的問題。

任人皆知，一張高爾夫球場會員證少則百萬，多則數百萬，夠資格使用者既屬少數，而數十公頃或上百公頃土地供少數居有屋、出有車者使用，必然會造成因貧富懸殊而形成的社會不公，對國家整體資源的公平與公道原則而言是相當不利的。

其次，就高爾夫球場的申請設立、核准，到使用管理而言，也暴露出法令準備不足、特權盤踞的怪現象。目前的申請設立高球場許可證需由地方逐級會勘直到中央內政部、農委會、教育部、國防部、財政部、經濟部等會簽之後始予核發。爲了防止高爾夫球場造成生態破壞，雖亦有設立前環境影響評估之規定，但目前尚未訂定評估作業準則，等於沒有環境影響評估。因而審核的部會關卡雖多，實質上的權責與管理卻非常模糊。尤其各球場負責人多屬黨政軍各級要人，其擁有的特權，使任何一個部會負責人都不敢批其逆鱗，因而管制只是徒具虛文，毫無效果。在管制困難重重的情形下，誰又能認眞顧及高爾夫球場對生態的傷害，對水土保育的破壞？日前主管管理的教育部長毛高文曾不解地問次長趙金祁：「高球球場究歸誰管？」便已道出了連主管部門都不清楚事權的眞相，更遑論高爾夫球場的核准與管理了。

如從國土資源規劃的觀點來看，政府一直未將全臺灣土地利用作整體的規劃，以至於農牧地、林地、山坡地、保育區常被不肖商人通過不正當手段予以變更，或違法使用，是造成分配上嚴重的後果原因。在地狹人稠的臺灣，將大批土地劃歸高爾夫球場開發，早晚將傷害到國土資源的總分配。試問，今天有人住在東區狹窄的鴿子房裏，而又有人擁有幾十頃土地，這樣的國土資源分配與規劃能算公平？更爲嚴重的恐怕是財團藉着開發高爾夫球場的模式，一方面營利，一方面進行土地之兼併，到最後山坡地、農地、林地等土地勢將全部淪入少數人手中，屆時要再想進行國土資源總規劃恐爲時已晚了。

就生態的觀點而言，山坡地既經改變爲高球場，必將造成如下之影響：①原有樹林之水源涵養功能喪失，隨着地表地貌的改變，地表逕流與共生增加，將導致下游排水負荷加重，未來水旱災將更頻仍。②人爲活動增加，造成地表水汚染。③球場實施病蟲害防治，造成農藥汚染。④野生動物被迫他遷。上述種種生態變化對未來自然條件既有如此重大影響，居然未被審愼地考慮與評估，當然是有關官員的失職。

然前述諸問題事實上均非無法解決，而是如何掌握關鍵，進行整頓，使高爾夫球在不破壞生態、不爲少數人壟斷的原則下，成爲一項健康的、正常的體育運動。因此，我們認爲，對高爾夫球場的管理與設立應注意下列幾點：

①務需貫徹環境影響評估制度，使高爾夫球場在設立前卽能有完善的評估，使其不會破壞本就破壞不堪的生態。目前環境影響評估之準則尚未訂定，我們認爲宜儘速訂立，在未訂

定前對高爾夫球場執照之核准應暫予凍結，以避免畸形發展。

②事權應明確並統一。目前由於各部會對高爾夫球場的設立進行會簽制，容易導致權責的混亂。我們認為主管土地的內政部在土地利用上應負起更多責任，以避免高球場變成炒作地皮的手段。而教育部亦應秉公管理高球場之對全民開放與安全原則，切不可再推拖給其他的部會。

③最重要的仍在國土資源的總規劃上。我們認為臺灣到底應該設立多少高球場，必須基於國土資源的總規劃來決定。否則國土被零碎分割或併入少數人手中，未來問題將層出不窮。

「球小問題大，洞多是非深」。是我們對高爾夫球場設立風波的形容，它反映了政治、經濟、生態、特權等各種問題，這是不正常現象下的產物。我們殷望政府能依法執法、有為有守，在公平公道的原則上，早日讓高爾夫球還原為正常的、平民的體育運動。

（一九八九年八月十三日）

無政府狀態

外籍勞工之一

繼菸酒汽車等各種商品大量開放進口之後，勞動力也卽將像「國際商品」一般開放進口，合法化的辦法卽是——外籍人士來華就業管理辦法。

贊成外籍勞工來臺打工者所持理論大體是：①國內產業結構改變，基層勞動力異常缺乏，②目前已有甚多外籍勞工，與其暗中存在變成問題，不如化暗爲明，③基於協助「貧窮鄰居」的人道原則，協助貧窮鄰國的人民。

然而，問題卽在於臺灣產業結構是否已到了「勞動力異常缺乏」的地步，又或者此一現象只是資本家逃避勞基法等應盡義務的「遁詞」。

很明顯的，僱用本地勞工將付出勞保、福利、基本工資、傷殘退休給付等等，若是僱用外籍勞工則這一切皆可減免，因而資方的獲利將更爲優渥，而政府也可少去許多社會福利支出。所以獲利的將是資方與政府。

但受損的卻可能是勞工。因爲某一地區的勞動力需求與其經濟發展相適應，若是勞動力不足則工資上揚，若是過剩則下跌。如今以大量廉價且無勞動保障的外籍勞工取代本地勞工，將使得本地失業率驟增，半就業人口及地下經濟人口也將隨之膨脹，由於農村又回不去，這些人口將淪爲城市勞動市場的邊緣人，也就是「都市遊民」。

根據統計，高雄市的半就業人口（臨時工、計程車司機、攤販等）佔約三〇%，以至於每有演講抗議活動，輒聚集千百人於街頭，形成不安定因素。高雄市的不安定只是一例，五二〇事件中爆發劇烈衝突，都市遊民更有社會學上不可分割的關係。

資方的援用外籍勞工，將製造出都市遊民與社會不安已甚明顯，期望當局處理此一問題，多些社會結構的思考，不要停留在加工出口型經濟發展的舊框架之中。

（一九八八年六月八日）

外籍勞工之二

迭經媒體連續報導之後，外籍勞工的來源、面貌、問題、影響已逐漸清晰浮現。大體而言，外籍勞工的問題有如下幾點：

對外而言，外籍勞工是國際分工下的產物，當國際分工秩序未改變之前；從低工資地區向較高工資地區流動是不可免的趨勢。而臺灣在這樣的分工結構下，自然會成爲外籍勞工心中的淘金天堂。此時，若是外交部駐外單位未加注意防範，則外籍勞工之進入將如泉湧。而如果再配合本地營造業、加工業等本地企業主有此需求，在裡應外合之下，勢必爲之加劇。

再就臺灣內部結構來看，問題及矛盾就更爲清晰。以長久以來所號稱的「產業升級」與「資本輸出」的對外投資政策來看，政府實不應引進外籍勞工，並應嚴加管制。但事實卻非如此。大量外籍勞工藉各種法令漏洞與違法方式而存在，帶來不少社會問題與人權問題。再加上臺灣本身在法律上、政治上、外交上、社會上並未有因應外籍勞工之準備，以至於漏洞百出，問題叢生。外籍勞工可依法加入勞保，就是一個最明顯的漏洞。在這種法令準備不足情況下，臺灣社會所遭受的衝擊與影響就愈不可估計。

再就外籍勞工本身而言，問題亦相當多。由於他們大多是非法居留，因此在法律上根本受不到任何保障，只能聽憑僱主支配，甚至人權遭到剝奪時，亦投訴無門。據了解，外籍勞工勞動條件之差，人權狀況之惡劣，許多情形令人難以想像。以至於演變爲自殺、互毆、賭博等社會問題。站在人道立場上，外籍勞工「亦爲人子」，法令上保障其人身是應該的，而遣返亦是保障之一。

如今，外籍勞工問題日益清晰的此刻，政府實應加速進行各部門間的協調，儘早訂出管理規範與法令依據，才能徹底解決外籍勞工的問題。

（一九八八年十二月）

外籍勞工之三

十四項建設工程嚴重落後而有引進外籍勞工之議宣布後，勞委會已加緊腳步研擬「外國人來華就業申請暨管理辦法」，然而一些營造業者、企業主卻已迫不及待地宣揚基層勞動力大量缺乏，非引進外籍勞工不足以應付工程落後的訊息。

根據民間初步估計，目前外籍勞工以女傭、服務生、打工、教外語、演藝人員等身分在臺就業者，應達十萬之譜。但據警政署去年八月底統計，則應不超過一萬二千人。詳細數字雖無法估算，但此一訊息卻已造成各地勞工相關團體的反應。

全省二十一縣市總工會中，除苗栗、雲林、新竹、嘉義四縣總工會認爲應適度開放外籍勞工之外，其他縣市皆持反對態度。而高雄市營造業職業工會則表示，營造商承包工程皆交由外包工頭負責代找工人，層層剝削之後，營造工人工作條件較差，根本缺乏完善的福利、退休、保險、撫恤制度，以至於留不住人才或招不到人力。

從各縣市總工會之反應與營造工會之說法，我們實不難看出一道邏輯上的癥結。這邏輯是：引進外籍勞工是因營造工人不足，而工人不足是因勞動條件差。而要求引進外籍勞工者根本就是企業主。問題至此已非常清楚，核心即在於營造商不願意改善勞動條件與產業結構，以吸收人力進入營造業，遂進而要求引進「外籍兵團」做爲又便宜、又不負責任的助力。

問題即是：營造業因內部結構不合理而有內傷，竟不思調整體質、療養內傷，反而求助於外來「進補」，到最後若外籍勞工集體爭議時，誰來救它？

（一九八八年十二月）

外籍勞工之四

民國七十七年十二月四日，我國駐馬尼拉太平洋經濟文化中心爆發出售假簽證案。外交部派遣赴馬尼拉調查的專員發現，當地的兩名非籍僱員涉嫌假造臺灣簽證，謀取每份一千五百美元的巨利。這份資料因而證實了一件事：高達三十餘萬的外籍勞工，進入臺灣工作，絕非無因，而是有「內神通外鬼」作爲中介，始克完成。

外籍勞工的問題，導源於國際分工的不平等結構，因此亞洲四小龍之中除韓國之外，香港、新加坡、臺灣等華人區，俱皆飽受外籍勞工進入本地勞動市場的困擾。以新加坡而言，由於臨近馬來西亞、泰國，馬、泰外籍勞工侵入其間已行之有年。爲求當地經濟、生活之安定，新加坡政府對進入當地者加以嚴格限制，除入境簽證一月之外，若在境內發現逾期居留者卽予遣送。而赴當地工作者則需隨身攜帶工作證，否則予以遣送。

然而，臺灣卻無法這麼做到。由於警方並未在一些工地檢查，而發現逾期居留者又無法確認其國籍（因有外交關係國家太少）而爲遣送目的地的國家所接受，加之警署未編列遣送預算、勞委會管理辦法未通過、入境後的外籍人士管理辦法鬆散等等，以至於外籍勞工進入者竟高達三十幾萬或近四十萬。若以臺灣五百萬勞工來估計，則這數目已近十分之一了，其影響臺灣經濟結構、勞動力來源、就業率、社會安定等，豈可謂不鉅。

準此以觀，則內部管理不善及駐外單位的鬆懈疏忽，實難辭其咎。我們希望外交部有關當局拿出魄力，認眞整頓駐外單位的簽證事宜，否則「內神通外鬼」的關卡一開，未來的外籍勞工問題將更難處理，且遺患無窮。

（一九八八年十二月）

苗客事件之一

苗栗客運的勞資爭議已進入第六天，這是光復後臺灣工運未曾有過的歷時最長、爭執最烈的一場抗爭，勞資雙方都不惜付出慘烈代價去爭取己方的勝利。

然而，在這慘烈的爭議過程中，我們卻發現一個更殘酷的事實：公權力不見了。省勞工處、交通處、勞工局都曾派人前去了解與溝通，但皆失效。甚至，還有司法單位也派人前往蒐證，以調查是否有「煽動罷工」的違法事情。

然而，什麼是違法呢？省勞工處會同勞委會就苗客施行勞動條件進行檢查，就發現有五項違反勞基法事實：①延長工資給付不足。②男工每日工時超過四小時廿分，女工每日工時超過二時卅分。③例假日工資給付不足。④未訂工作規則。⑤勞工每七日未有一日例假。

這五項資方違法事實，便是引發此次連續罷駛、劇烈抗爭的根源。然而有關單位卻對此毫無辦法，僅能以收回路權作爲要脅，要求苗客董事長劉雙路讓步。彷彿所有行政機構對一個小小客運董事長也無可奈何。

公權力，這個天天被官員強調要貫徹維護的名詞於是成爲空洞標語，在風中飄盪失效。而當公權力都無法制裁違法資方時，工運怎麼可能不愈來愈激烈呢？公權力的消失，有其結構性原因，但苗栗客運的這種「無政府狀態」，誰該負責？

（一九八八年八月六日）

苗客事件之二

苗栗客運勞資糾紛演變至今，已變成苗栗縣長謝金汀頭痛不已的難題。民國七十七年八月十七日上午苗客員工到縣府門口靜坐，敲打飯碗的場景，實在非常難堪。勞方認爲縣長沒有盡力協調，照顧勞工。而謝金汀則婉言說明經過，但不獲勞方諒解，險些釀成警民衝突。

同樣的案例發生在同一天下午，宜蘭縣汽車客運員工追索補發津貼，由陳定南召集雙方溝通。宜蘭客運勞資爭議案已開過五次協調會，除一人服務車津貼數額未確定外，其餘應補發工資應於十五日發放完畢，但由於資方未履行協議，招致勞方不滿，而請陳定南主持公道。

陳定南當場的決議是這樣的：縣府已無法忍受員工再一次「集體休假」，因此資方應重然諾，履行協議。他同時提出縣府處理原則，並強調該案拖延已久，以本月二十七日爲最後期限，若資方仍未解決，縣府立即收回路權，並取締宜蘭客運違規經營遊覽車。

宜蘭與苗栗兩處客運公司的勞資爭議，在對比之下，立刻見出迥然不同的處理與結果，宜客司機當然沒有理由再「集體休假」，而苗栗客運卻是一拖再拖，演變成今天各方面都飽受其苦的慘烈情境。

做爲一個縣長，陳定南有其權限與諸種掣肘法令，但在合法合理範圍之內，以明快、果斷方式解決一樁可能的勞資爭議，卻是縣長可以做得到。

從兩件爭議的處理來看，我們不得不說，還是陳定南像樣！

（一九八八年八月十七日）

苗客事件之三

一個歐洲史上古老的「戲碼」終於在臺灣勞資爭議中首度上演，而這開端，便是歷時甚久的苗客勞資爭議。

由於苗栗客運是全省民營客運業者之中的一個，如果苗客在此一爭議中向勞方讓步，則其它客運也將被要求比照辦理。因而苗客董事長劉雙路飽受其他業者壓力的傳聞，早已甚囂塵上。而其他客運業者由於利益的同一性，支援苗客、記取勞資爭議「問題人物」名單互相交換、彼此商量因應對策，更是形諸事實。這並非可驚訝之事，而是資方的必然發展趨勢。

同樣的，勞方也互相聲援，開會討論對策，籌募基金，集體進行全省性休假。勞方連線也正拉開，但不若資方之集中，而是分佈在各種產業中的自主工會。

這樣的勞資大對抗戰火，事實上在資本主義發展之初，就早已探討過了。無分任何一派思潮都承認勞工應具有團結權，也就是組織自主工會的權利，然後才能與資方稍具平等地位。否則資方連線只要打些電話，吃桌酒席，就可決定戰略，而勞方卻得奔波各地連絡個別勞工，其連線的難易程度對比，簡直有天壤之別。

這個勞資連線對抗的古老戲碼，果然逐漸揭開序幕。目前，就實力來評估，資方仍佔優勢，因客運業者的連線容易而堅強，資本又雄厚，而客運產業工會則僅有部份連線，且聲援者不乏其他產業的工會，能否全面發動有待觀察。

然而，此次勞資大對決將是一個警訊，一個重新思考勞工問題如何對待的考驗，當「戰火」蔓延到其他產業時，它就不再是苗客的事而已，而是整體經濟的問題了。

（一九八八年八月二十日）

苗客事件之四

創下臺灣勞資爭議史上罷工歷時最長、工會會員全體被辭職、協商最艱困、聲援勞工團體最多、法律爭議最不明……等多項紀錄的苗栗客運勞資爭議問題，終於在民國七十七年八月廿一日宣告落幕。但事件的結束，卻只是一個段落，如果不對這次事件作更深入的探討，則問題仍將存在且隨時可能爆發。

審視這段歷程，粗略來看至少有三大項有待探討：

①官方角色與法律標準不明。照現行法令來看，資方有明顯違反勞基法之處，有關當局可按法律予以處理，但勞委會、苗栗縣政府、省勞工處卻一籌莫展。同樣的，勞工若有違反工會法、勞資爭議處理法等，也可依法處理。但官方彷彿失去功能，眼睜睜看着爭議擴大，演變到無政府狀態，連最後協議都沒有法律意義。

②從勞工法律層面來看，它至少暴露如下幾個問題：民營客運到底屬於何種性質？是公

用事業還是民營企業？苗客罷工期間，資方可否請求其它客運支援？如果民營苗客可以，其它民營企業可否比照辦理？果眞是這樣，罷工還有意義嗎？勞工集體爭議的本錢在哪裡呢？

③這次勞資爭議，勞委會、省勞工處、縣政府、司法機關全部出動，而勞工也全線動員，幾乎全省各地工運幹部與支持者都到場聲援，最後甚至演變爲全省募款及「聲援性罷工」，然而唯獨苗客董事長避不見面，以致無法協調。而消費者行的權益便在此消失了。以一民營客運公司董事長之力，猶能如此「力拔山兮」讓全省工運人士總動員，則勞資關係的懸殊力量對比實在不難想見。勞資力量的懸殊眞相，或許才是這次事件所顯現的本質問題吧！

（一九八八年八月二十二日）

不可欺負勞工不識字

一九八八年七月底在三天的連續怠工之後，臺中港倉儲公司的陸上搬運工終於與資方達成協議，這場歷時甚久，且影響這一個新關碼頭甚鉅的勞資爭議案件終於宣告落幕。

然而仔細審視這個過程，我們仍有深深遺憾之處：

①警方在這次事件中未能站在維護港口安全立場，反而介入談判，以超過勞工兩倍的大批警力在現場與勞方對峙，這不得不令人遺憾警方的立場不夠中立穩健。

②在勞資談判中，縣總工會、縣府勞工課人員原本應站在公權力立場，維護「勞基法」、「工會法」等的法律尊嚴，但是審視談判結果，卻有許多與勞基法相違背之處，這是公權力執行單位自失立場的地方。

③在勞資談判到最後，資方要求勞方委託人盧思岳等人出場，使得勞方僅派三名代表參加。然而這三名代表卻是不識字的轉業兼差農民，年紀既大，知識程度不高（學歷最高是小

學），僅能拿着別人寫給他的談判字條去談判，結果自然被識字者「玩弄」在條文、字句之間，平白損失自身權益而不自知。

這最後一點才是最令人遺憾至深之處。因爲知識本不應成爲玩弄無知識者的工具，而是維護人的尊嚴的力量。資方與縣總工會的做法，實令人深深地遺憾！

準此以觀，往後如何建立勞資談判委託人制度，實是維護人權的重要課題。

（一九八八年七月九日）

搞工運靠實力

由於勞工運動勃興，勞資對立衝突趨於尖銳，國民黨十三全大會中擬通過「勞工黨綱」，以鞏固勞工羣衆對黨的支持。

據了解，在「勞工黨綱」中主要有五項要點，分別是：①強化勞工行政組織，②維護勞工應享權益，③促進勞資協調合作，④加強勞工福利措施，⑤確保勞工就業安全。

從這幾大項及細目來看，「勞工黨綱」的內容與以往的一貫政策性宣示並無二致，基本上都談「原則」及「方向」問題。然而，現下的勞工問題卻在「實踐」的有無落實，勞資雙方實力有無相當，而非政策。

以頻頻發生的調職案來看，資方違法在勞資爭議期間，採取調職或資遣手段，不僅勞工局、勞委會毫無辦法，連全國總工會理事長謝深山都得站在大同公司門口拿麥克風，加入抗議行列。

勞資雙方的實力對比固已非常懸殊，卽便是在國民黨內權力爭逐過程中，勞資實力也還是明顯的不成正比。以競選中央委員的排場要奔波、拜會與宴飲之頻繁，若非稍具資本還眞無法參與。而這一黨內權力取得過程及其分配，又與社會各階層的人口比例難以相適應。

這或許才是透視「勞工黨綱」的問題核心所在。換言之，若是沒有在法律與實踐基礎上落實，則國民黨鞏固勞工向心力的理想，與實際情況還是會有差距。

當全國總工會理事長還得站在街頭，向資方抗議時，已不是「勞工黨綱」的問題，而是「實力」的對比課題了。

（一九八八年七月）

勞基法在那裏？

在不斷協調、處理、談判之後，一九八八年有可能過得「有稜有角」的端午節「集體休假」風潮，終於漸漸平撫，休假一事似將煙消雲散，火車、汽車都將照常開出，局長們終於露出笑容。

然而，仔細審視這一段勞資爭議過程，我們不得不驚異於這樣的幾件事：

①貴爲省營企業的臺鐵與臺汽公司，竟然在勞基法實施數年之後，仍未「守法」，遵守勞基法所規定的勞動條件對待轄下勞工，終而導致員工以集體抗爭爲手段，要求企業主守法。這不得不令人驚異於：公營企業的此種作用，如何能使民營企業也遵守勞基法呢？不守法的企業作風怕是公營帶動民營。

②企業主之不守法有關當局早應予以處理，始能平息民怨，避免激烈抗爭，然而不僅沒有，反而等到要「集體休假」時才出面召開協調，這是不是變相在鼓勵勞工集體抗爭？

③然而，有關的官員似乎並未對企業主有所制裁，提出辦法，反而在抗爭中一再聲言「若公營企業勞工集體休假違反大衆生活，企業主可不准其休假」，儼然休假就是違法，渾忘勞基法規定例假日上班應給加班費的法令，而勞工要爭的便是合法的加班費等等，而不是硬要休假。

④由於集體休假對交通運輸影響甚大，因而對抗的雙方不是停留在勞資兩造，而竟被引導爲勞工對抗消費者，一時間怒責勞工爲薪水而癱瘓交通之聲四起。違反勞基法的企業主反而躲到幕後，不受壓力，而且振振有詞。

從這幾點我們不難看出這次爭端的模糊不清、是非不明。當勞委會、省政府等單位與省營企業都無視於勞基法的存在，公然違法數年而毫無動靜時，我們忍不住要問：勞基法在哪裏？

（一九八八年六月）

公營事業豈可違法

包括臺汽、臺鐵、公賣局在內的五家省營企業員工約有二百餘人昨日赴中興新村請願，爭取重點有「追溯補發延長工時之加班費應儘速依法一次補發完畢」、「補發勞基法實施後之周六下午加班費」及「比照國營事業發放四・六個月年終酬金」。

省府方面對此的答覆是：一切必須在合法範圍之內，基於公平原則來考慮此項請願，否則由於省營事業員工兼具公務員身分，若答應其四・六個月年終獎金要求，將無法向其他公務人員交代，且可能導致臺汽、臺鐵的破產。

省營事業，尤其是臺汽、臺鐵的營運狀況不佳，早爲各界所周知。然而，營運不佳的原因何在，如何謀求改進等，卻未見臺汽、臺鐵提出具體辦法。如今在營運不佳狀況下即由勞工擔負虧損責任，應補發加班費遲遲才以「分期付款」方式補發，當然會引起員工不滿。

再其次，勞基法實施迄今已有四年，省營及其它公營事業理當遵循法律，落實勞基法。

然而事實不然，反而是等到員工開始自救進行索討行動時，才措手不及拖延因應，如此怎能令員工相信省府方面有「合法」的基礎呢？

從勞委會對廿四家省營事業單位及其附屬機構落實勞基法狀況的調查亦可見一斑。其中簽訂團體協約者僅佔廿一％，成立工會組織者佔六七％，召開勞資會議者佔四七％，舉辦勞工教育者佔五三％。這種不及格的成績單適足以做爲省營事業勞資爭議的背景說明。

我們希望省府在處理此一事件時，能確實遵循「合法」原則，不僅要求勞方守法，本身亦應先遵守勞基法，否則爭議衝突雙方都在玩法外遊戲，便無是非可言了。

（一九八八年十月）

調動軍方支援不可便宜行事

為了因應類似一九八七年五一鐵路大罷工與去年初以來即不斷發生的客運罷駛事件，交通部頃公布道路安全規則部份修正條文，其中增列軍事專業駕駛人於服役期間，因社會發生緊急事件或重大事故時，得由軍事運輸機關暫時執行緊急輸運支援任務，以免交通癱瘓。由於交通部的此一修正條文將影響到未來勞資關係與社會安定，且對其它公營事業亦發生深遠影響，我們不得不有所申論。

首先是就緊急事故之處理來看，由行政部門調動軍事機構進行緊急處理，乃是一項非常重大的決定。以美國而言，此種處理方式並非勞資爭議調解過程中的常態，亦非主要手段。美國的法律亦規定，在特殊情況下，有影響州際之間運輸及重大事件時，總統得發布緊急命令處理勞資爭議。但這並非常態法令，而是緊急命令。從一九四七至六七年的二十年間，美國僅動用此項法令二十次，而六七年迄八〇年代初，亦僅動用過八次。顯見以總統或行政系統等公權力調動軍事機構介入勞資爭議中的重大事故，是非常愼重小心的。如今，我們僅僅由一交通部作此項法令規定，似乎略嫌過於草率。

再其次，就勞資爭議過程中，僱用代替性勞工以維持工廠之作業而言，美日法令皆賦予廠方有僱用代替性勞工或閉廠之自由，但亦需經一定調解程序。就日本而言，僱用代替性勞工爲臨時性質，而美國則另外規定不限於臨時性，亦可終身僱用。以臺灣工會之性質來看，較近於日本，工會活動大體限於單一工會，影響不若美國工會那麼大。雖然運輸涉及公衆權益事業，但全省性運輸皆爲公營事業，實不應與一般民營客運業者混爲一談。因此，交通部的此一規定將涉及勞工法的兩重層面：其一是軍事運輸機關支援人員是否屬於代替性勞工，代替性勞工是否合法？其二是公營事業應否在勞基法之中另闢專章的問題。

第三，就影響公衆生活權益重大的公營事業來看，交通運輸只是其中之一端，其它如水電、瓦斯、石油、化工等等，皆爲公營事業的一部份，且影響大衆生活甚鉅，這些國營事業的勞資關係及緊急處理，又該如何立法、如何規定、如何管理呢？是否交通部處理方法可一體適用於其它公營事業呢？

第四，就現代交通運輸與水電、石油等公營部門管理之複雜來看，軍方支援較可能全力支援的應僅爲公路運輸一項，它如鐵路運輸涉及到轉運、路線安排、錯車等等，恐非一時之間即可接手。至於水利工程、核電廠之管理，輸配電工程更是複雜萬分。因而以軍事部門所能解決的其實只是小部份問題，卻無法長治久安地處理好公營事業中的勞資問題。

針對交通部此次修正道路安全規則部份條文，我們因此有這樣的看法：

①交通、水電、運輸等影響公衆生活甚鉅的公營事業，政府應作長期性的整體立法規劃，不宜僅由一個部門個別處理，否則會發生許多法令自相矛盾的問題。

②軍方的支援應由總統下緊急命令加以處理，不宜隨便由道路安全規則加以動員，否則將使軍方疲於奔命或不勝其擾。

③若公營事業員工禁止罷工，則其勞動條件應有其它彌補之規定加以照顧，如此公營事業的勞資關係，才能長治久安。

（一九八八年十二月）

今年工運的回顧

解嚴之後蓬勃發展的工運在今年內有了前所未有的變化。從去年的工黨建黨到今年中的工黨分裂，到今天由工黨分裂而出的人士組成勞動黨宣布建黨，這段歷程，可謂是工運的表徵，也是工運中羣雄並起，爭逐天下的典型性反應。

今年的工運有兩大趨勢值得矚目：其一是工會改造運動，其二是全省性串連。就工會改造運動來看，幾乎一些既有工會在經過宣傳後，即由勞方掌握，這尤其以公營企業、民營大企業爲然。薄弱的組織力量而能在短時間宣傳下取得勝利，除了勞工意識覺醒外，整體社會風潮亦有極大影響。當然，專業搞工運的人士亦起了一定的作用。就全省性串連而言，不少團體都已有運作，例如自主工聯、高雄市工聯，而最大規模的一次則是二法一案大遊行，其中並包括了一些非法的勞工聯誼性組織。

也正因此種風潮的影響，不少政治團體相率有意地介入工運之中。全國總工會理事長謝深山奔逐於各地，工黨在各地建立據點，勞動黨先期成立的勞動人權協會建立的聯絡網，勞支會在北區的據點部署等等，在在顯示出各團體爭取工運主導權的合縱連橫與內部矛盾。矛盾中又夾雜了路線、統獨等問題。這是工運的隱憂，也是分裂的可能潛因。

另一項最大隱憂則是：無法由宣傳階段的高亢，落實爲具體的組織擴大，有些部份工會甚至以激烈爲目標，以至於見局部而未見全局。苗客事件卽是未經準備周全卽告「罷工」的盲動性失敗案例。它使全省工運人士全部排隊站出來，面對一個苗客董事長。今年工運的反省因而可能是：對工運作更周全的分析與全局思考，才能更穩定，更有效，並避免盲動傾向，否則少數人的盲動，將使全局損失慘重，也未可知。

（一九八八年十二月）

三不管的「童工」

每年夏天，一些國中畢業生即將踏出校門之前，總會有無數廠商擁入校內進行宣傳。宣傳中所強調的無非是工作條件如何優良優美、薪資福利如何保障優渥，將來建教合作還可進一步再教育……。

然而，這些說詞卻抵不過法令中的漏洞與事實的批判。最明顯的事實即是：新光紡織士林廠停工後，少年建教生何去何從的問題。

依少年的身分來看，他們既是學生又是勞工，而建教合作的功能卻在於利用勞工的工作，使少年在工作中結合教育功能。然而既然是勞工又豈能獨立於勞工之外呢？因而不少工廠將學生功能降至最低，而視勞工的生產功能爲最高原則，其結果即是：教育功能日漸消失，而使少年建教生成爲便宜勞動力的來源。

尤其在法令漏洞之下，幾乎等同於勞工的建教生不歸勞工部門管轄，他們的勞動條件、福利措施、安全保障等等，勞工事務主管部門根本無權過問。而唯一能過問的卽是各地教育廳局或省教育廳。但能主管的也僅是「輪調式」建教合作，但這幾乎沒什麼廠校這麼辦理，而是改行不受監督的方式。

於是乎，年輕的、成長中的少年，在建教合作名義下，成爲三不管的一個被遺忘族羣，也被廠校視爲便宜勞動力加學費的來源。每年數十萬甫出校門卽進入工廠的少年有多少，目前尙難估計，但是這麼多的少年族羣被擺在教育、勞工部門都不管的邊緣地帶，怎麼對得起這些「未來的主人翁」呢？

（一九八八年七月）

始於民間、回到民間

始於民間、回到民間

歷次發揮較大功能的社會運動都有知識分子的奧援，才能發揮壯大。反杜邦運動中鄉村教師及《人間》雜誌的支援，新竹李長榮化工圍堵中有清大等教授的聲援，乃至於日前農民運動中有黃邦政、馮清春等教師，都是知識分子參與社會運動的典型。

參與社會運動的知識分子有幾種典型：①當地人的參與，例如黃邦政、馮清春都是當地人，在本地教書兼務農或轉務農，本身也是農村子弟因而出來領導。②外地人的協助，即不是當地外出知識分子返鄉，而是由外地來的協助，例如反核、反杜邦等。前者由於知識分子為本地人，因而較易成為領袖，就地發展社運組織；但後者則是只能站在協助性的角色，作為當地社會運動的輔助者、文宣工作者或理論支援者。

由知識分子參與的社會運動在行動上較有思考與分析，因而能免去盲動傾向的行動，同時在訴求主題與宣傳上也較有步驟，不會形成自我矛盾的現象。這樣的功能或許才是知識分子在社會運動中的定位所在吧！

從這個觀點來反省，幾個大學學運學生在淡水聚會中，決定以學習態度參與學運，確實是一項進步。至少比起前些時日頒獎給社會領導人物的作法，踏實一些，少「膨風」一些。因爲大學生「插花」式的參與社運，而又充滿領導社運的幻想，不僅是對社運的認識不清，而且是對自我認識的不清。

社會運動始於民間，且將回到民間，這是學生最近的進步想法，卻也是知識分子與社會運動關係的最佳合作方式。

（一九八八年六月）

在眞實中洗鍊

經過幾天密集的短期訓練之後，學生終於帶着滿心的期待與熱情，開始進行一九八八年的農村生活巡迴營的「暑假作業」。

學運團體學生與農盟合作的這項工作，從計畫上來看可分爲宣傳與組織兩個部份。宣傳上的目的是喚醒農民權利意識，並由此而進行組織，使分散如沙的農民能聚合爲一股具體力量，向政策要求改變。

然而，顯然的事實卻是這一羣大學生將要面對自身的空想與現實差距所帶來的痛苦。他們雖在傳單上呼籲農民要覺醒、要組織起來，但是這樣的訴求仍是原則「層面」的思考，與農民實際的生活情境怕還有一大段差距。

更何況農業的多元化也使得農民在生產關係中有着不同位階，有些經營大面積的果農可能像中小企業主，有些稻農或濱海地區農民則可能像「土地的奴隸」。上下之間的差距，在農民之間即已存在，因而如何認識此種眞實，並藉此一眞實認識來思考農運的出路，或許才是重要關鍵所在。

當然更有趣的毋寧是平日在書房中滿腔熱血與理想的青年，將如何面對理論與實際的差距，也就是拉近知識份子與農民的差距。通不過這一道關口，則所謂「學運與社運結合」的口號終將只是空談。

因而我們對這一批來自各大學的充滿理想的學生有着這樣的期待：先不必以爲要做大事業，擺下身段，誠心地站在土地上看清農民的眞實生活，通得過這個眞實洗練，則此行的目的才算不虛，未來的學運才會有民間的認識基礎。

校園的五代十國

一九八八年的學生運動抨擊聲浪最大的應屬「校園特別權力關係」，學生批評校方透過訓育法、校園管理規則等單行法規，使學生喪失作為一個公民所應具有的人權，淪為特別權力關係下的不自由人。

這種各校獨具的特別權力關係，也使各學校的法規寬嚴不一，標準各異，一朝天子一朝臣，像「五代十國」一般，貌似統一而實則分裂，且因校長及主管人員的更迭，制度亦常變換。而這種狀況最近鮮明地呈現在國立中央大學訓導處正在研擬中的「學生聚衆、靜坐、示威、遊行之注意要點草案」。

這項中央大學的校內集遊法規定學生於重要慶典節日或每日之八～十二、十三～十七、夜間二十二點至翌日清晨六點不得為集會遊行。簡言之就是學生只能照三餐時間集會遊行。這項規定的範圍還包括學校之正門、側門、後門邊緣公衆出入之地區，換言之，連校外地區也管上了。更爲荒謬的則是：「學生聚衆、靜坐、示威、遊行，訓導處得會同本校有關單位前往巡視、處理或請求警察機關協助維護會場秩序及校園安寧」。亦卽警察是可以開入校園的。

我們實在很難理解中央大學訓導處在校園特別權力關係之外，另設「集遊法」的目的。因爲校園同社會最大的不同在於社會是孤立的個人分散生活，而校園則是集體教育場所，「聚衆」的定義怎麼下呢？再其次，集遊法已規範人民的法律準則，央大另立照三餐遊行規定，道理何在？難道它不與母法牴觸嗎？難道它不違憲嗎？難道這是暗示學生照三餐遊行嗎？

至於警察可公然開入校園更是荒唐之舉。美國七〇年代學生運動轉劇並形成各校串連卽是因警察開入校園鎭壓學生劇烈衝突所致。央大此舉的意圖實在非常隱晦難明。中國古語有云：「防民如防賊，則民必爲賊。」如今央大防學生一至於此，實在令人不解。當社會已有集遊法，校園有各種特別權力關係的功過單行法規之後，對這「大學集遊法」實難加以形容。

（一九八八年十月）

老師，你站在何處？

一九三五年，杜威在他的演講中提出一個問題：「教師應該走在他們時代的前面還是後面？」也許有聰明人在擺脫這二選一的問題而答說：教師不是走在前面或後面，而是恰好跟上他的時代。

問題卽出在這裏，我們是生活在一個什麼樣的時代呢？舉幾個例子來看卽不難明瞭這時代的某些「非前非後」的矛盾處境。在經濟上有與東京、紐約同步的股市，卻也有倚賴乩童明牌的六合彩；在政治上有要求全面改選民主化的呼聲，卻也有「彈蘇案」這樣黨政干預、賄選傳聞融於一爐的倒退現象；在法令上有最新的集會遊行法，卻也有數十年來未曾制定的政黨法。

這種種時代的矛盾困境必然呈現在教師的身上。因此有全國教育會這樣向教育部領取補助經費的團體，也有異議性的教權會；有教師應尊崇爲「士大夫」的崇高概念，也有教師應視同人民一般擁有集會結社權，組成工會；有教師不能罷教的說法，也有教師可以罷課的說法。

然而，這一切說詞都比不上一種眞實的情境，那就是教師缺乏組織，孤立無援這一事實。從彰商的蔡恆翹、立人的石文傑、文化的江明賢、淸大的王企祥等個案風波，先不論誰是誰非、處置是否得當，但就教師與校方行政體系的力量對比而言，我們只看見個別教師以個別方式在向校方行政系統挑戰對抗，透過記者會，申訴、抗議等活動，表達不平。制度之缺乏，明顯易見，以至於僅能依靠校方自身的「正義與否」來裁決。而正義是無法靠人性良知，而是必須靠制度來保障的。

從這視野來看，杜威問的問題便可得到答案：教師首先應是現代社會制度保護下的人，他才能談到是否與時代同步，而教師法草案也可作如是觀。……

（一九八八年九月）

孫悟空的虛相與實相

在《西遊記》中，孫悟空因練就了一身絕世武功，乃在花果山自立爲王，並去海龍王宮取了一支金箍棒。海龍王非常不滿，一狀告到玉皇大帝處。玉帝正沉吟思索之際，太白星君面呈道：「這孫悟空武功非凡，力取不智，但不如給他個小官做做，一來可使他馴服，一來可就近看管。」

於是，孫悟空被召到天庭，當起了無聊的弼馬溫。這便是「戴上高帽，使之乖馴」的上上之策。

看看今天的教師法草案中，也有類似的狀況。教師一方面被冠以傳道、授業、解惑、萬世師表、一日爲師終身爲父等的「高帽」，但實質上卻是契約僱傭關係，隨時有被解僱的可能，甚至連集體交涉權、爭議權都沒有，連勞工都不如。

以再與中學的教師爲例，此次教育部由劉清田前往協調，卻屢屢見不到再與中學校長，無奈到極點，令人浩歎連教育部都保不住教師權益。

然而，在教師法草案研擬的條文中，卻仍充滿「尊師重道」，教師尊嚴地位應不可與勞工等同視之的思考模式，以至於連基本團結權都沒有，更遑論組織工會了。

表面上看，這是對老師的尊敬，但實際上卻是將地位提高，以便削弱其實質利益或就近看管，正如太白星君對孫悟空的看法是一致的。

然而教師終非孫悟空，他們並無通天本領去翻江倒海，他們大多是溫文儒雅地爲青年學子教課，在這種情況下，眞不知戴老師高帽，又不給他實質權益，到底作什麼用？

（一九八八年九月）

誰有權動員學生

江翠國中學生因不滿校方讓他們每天下午頂着大太陽練習大會操，憤而向北縣教育局告狀，希望教育局能制止此種做法。學生所持的理由是：炎炎夏日，大人都躲在冷氣間，學生卻必須爲全縣運動大會，冒着中暑危險練體操，一點道理都沒有。

江翠國中生的此一「告狀」不僅將江翠國中的不合理情況暴露出來，更凸顯出教育體制的強迫性格。

事實上，學生放暑假本就是教育體制中的規定，學校根本無權強迫學生參加輔導課；更何況在暑期中練大會操，更是於法無據，於理不合。

不僅是臺北縣如此，幾乎每個縣市都有大型運動會、集會、遊行都會動員學生參加，有時甚至動輒上千人。但教育單位從未過問學生對此是否同意，似乎根本不存在「教育人權」這樣的概念。

久而久之，一些學校也視學生爲其理所當然的「工具」，只要政策上需要配合，樂隊、體操、聽講、遊行無一不做。學生本身也渾忘可自由意志參加，無人敢不從。

然而，誰有權利要求學生扮演這種「工具性」的角色呢？教育部沒有規定，相關法令也沒有明訂，縣市政府更沒有這個權利，更甭談一個國中、國小校長了。

因而，爲了學生的健康，爲了尊重教育人權，爲了消除這種「強迫性動員」的工具性格，不情願的大會操或類似動員，實在可以免了。教育部也應下令，類似學生動員應取得學生同意書才行。

（一九八八年九月）

人格分裂的教育

教育部終於決定開放藝能科與選修科的教材自七十八年度起「自由化」，教師可自由選擇教材。這個遲來的音訊，雖然有修釘補飯、未搔着癢處之感，但未始不可視之爲一個好的開端。

教科書內容與現實生活的割裂，是早已存在的事實，這正如現代生活與傳統僵化意識型態的割裂是一樣的。明顯的事實是，教材中談的是忠君愛國的思想，但出門騎的是日本貼紙飈車；教材中談的是清晨打掃庭院，但住的是公寓鴿子房；教材中寫的是釣魚休閒，但滿地是垃圾與河川汚染。這種種例子，不勝枚舉，顯然是教育與現實的割裂，甚至遠遠落在生活現實的後面。

嚴重之處卽在於，這樣的教育如何養成健全的人格、活潑的思想呢？這樣的教育怎麼可能指導一個人未來的人生觀、生命觀呢？

割裂的第二種結果是：爲了考試而能背誦教條，但與生活無關。也就是教育成爲形式化的教育，但生活的內容則自己塡裝。形式主義的教育也變成每個人生活態度的一部分，表面上知道交通規則，但實際上不遵守；每個人知道法令，但特權就不必。教育竟使人成爲形式與內容割裂的雙重人格。

在自由化與開放化的潮流下，一言堂與教條意識形態灌輸之爲害，實難以估計。爲今之計，唯有更加速教材自由化，使思想由壟斷走向活潑，才能使教育與生活重新結合，而不再是製造人格分裂的教育形式。

（一九八八年七月）

兒皇帝與教育

愛美的女孩子與父母常出現一幅場景，在早晨曚曚的陽光中，孩子端坐鏡前，母親在她背後細細梳髮，綁成辮子，紮上蝴蝶結，然後背起書包去上課。

這種狀況尤以節育推展後，孩童生育數目日減而更爲普遍。家中的「兒皇帝、皇后」在家庭裏備受疼愛嬌寵。然而，一到學校便又換爲另一種場景。

檢查頭髮的訓導人員，防制學生犯規有如防賊的處分規則，制服、指甲、衞生檢查，升降旗的擴大麥克風訓話，暗諷隱喻的開罵，甚至傷及人身的言詞、動作攻擊……。這一切在某些學校內被視爲常規的古老權威體制，一成不變地沿襲下來，形成教育體制的特殊現象。於是古怪的現象發生了，它可能是一位可以花一小時化粧的女教師在教室內檢查學生的頭髮是否過長，渾忘愛美的天性如一。

這種種現象無非說明一個事實，教育體制內仍充滿家長權威制與法西斯的命令與服從性格。若是不服從權威與命令，則懲罰隨之而來，彷彿學生不是一個接受教育的年輕、單純的生命個體，不是一個具有自主能動性的完整的人，而只是一具具待訓練的機器。而訓練的結果卽是「再生產」出一個個馴化、溫良的公民，而非創造及發展出一個個鮮活具體的人。

然而，在家中是兒皇帝、皇后的孩子，面對學校如何適應呢？他們最後可能只有一條路走：雙重標準去應付。而雙重標準的再擴大卽是雙重人格、陽奉陰違、表裏不一。而這些性格又是成人世界或官場最易見到的。同樣的，受過壓迫者也會養成壓迫人的慣性，當他成年後也慣性地要樹立權威，壓迫他人。

這種惡性循環，若是無法改變，則教育體制的功能不僅會大打折扣，且會傷害兒童的稚弱心靈，並養出不健全的下一代以及社會環境。教育當局，能不愼乎？

（一九八九年元月）

軍公教分家是民主正途

教育部召開的教師法諮詢小組會議中，確定了教師與國家的關係爲私法契約的關係，而非「特別權力關係」，同時將建立軍公教分途之原則。

教育部此一法案之研擬，雖仍在諮詢廣徵意見的階段，但「軍公教分途」原則，卻是使國家邁向民主化過程的關鍵。

解嚴之前，軍公敎一直被視爲國家權力在各個部門的延伸，軍人負責國家安全，公務人員負責行政系統由中央到基層的工作，而教師則負責教育思想、人格養成，亦即思想「再生產」。但三者在思想上則必需求其劃一。

解嚴後，原本一元化的思考與教條化控制系統已無法掌握多元且活力充沛的社會力。教師遂首先衝破藩籬，成立了教師人權促進會，並有籌組工會之議。此一情勢已無可避免與阻遏。

由是以觀，教育部將教師由國家特別權力關係轉變爲私法契約關係的原則乃是使教育民主化向前跨一大步。因爲唯有思想開放的教師才能教育出民主化的學生，而特別權力關係下的教師也會形成師生間縮小的特別權力關係。

戒嚴教育體制形成今天民主化阻礙的證據已非常明顯。一個新成立的反對黨內部都缺乏民主素養與運作，便可舉一反三。因而教育體制的解嚴不僅對國民黨的黨內民主化有利，對整個社會的民主化也都有助益。

至於公務人員與軍人，前者爲文官系統，後者爲武力系統；二者性質更是南轅北轍。不同性質的體系早就該分家了。讓文官歸文官、教育歸教育、軍事歸軍事，才是民主化運作的正軌。

（一九八九年元月）

三民叢刊112
中央社的故事
周培敬　著

六十年來，中央通訊社一直在中國新聞界的發展上扮演著重要的角色；從建立全國性的電訊網，收回外國通訊社發稿權，見證八年抗戰，親歷臺灣經濟奇蹟，目睹了退出聯合國，中央社一遍遍的做下時代的紀錄。它寫著這些年的歷史，從而也把自己寫進了歷史之中。

三民叢刊113
梭羅與中國
陳長房　著

美國作家梭羅以其《華爾騰》（或譯《湖濱散記》）一書呼喚人們在日常更深入的生活，創造更有意義、更爲快樂的生活，而聞名於世。其對生活的態度止與中國的孔、孟、老、莊思想有相契之處。作者陳長房先生層層爬梳，探究其間的關係，並論述了梭羅的作品及思想。透過這跨文化的比較，也許正可幫助我們在濁世中尋覓桃源。

三民叢刊114
時代邊緣之聲
龔鵬程　著

時代的邊緣人，不是無涉於世事的出世者，他只是退居在時代激流之旁，以讀書、讀人、讀世自遣，以文字聊爲時代留下些註腳。本書即是以時代邊緣人的心情自謂而做的記述，偶或玩世不恭，亦曾獨立蒼茫，但終究掩不住其對時代的關切及奮激之情。

三民叢刊115
紅學六十年
潘重規　著

本書爲「紅學論集」的第三本，集中討論紅學發展，及列寧格勒《紅樓夢》手抄本的發現報告及研究。作者於《紅樓》眞旨獨有所見，歷年來與各方論辯之文章，亦收錄於書中，庶幾使讀者一窺《紅樓夢》之眞意所在，及紅學發展之流變。

三民叢刊16

解咒與立法

勞思光　著

近來臺灣的社會力在解除了身上的魔咒之後，一時四處噴發，整個社會因而孕育著新生和希望，也充滿了騷動和不安。勞思光先生以其治學的睿智，剖析社會紛亂的眞象，指出：「解咒」之後，必須「立法」，亦即建立新的規則，若在這一步上沒有成果，則所謂「進步」亦失去意義。值得吾人深思。

三民叢刊17

對不起，借過一下

水晶　著

「對不起，借過一下！」要借的是：在舉世滔滔，資訊爆炸的年代，各人心靈上的一點空間，來容納書中帶來之感性與理性的清涼。本書爲作者近作之散文及評論的合集，散文率從生活小事著墨，筆觸輕靈動人。評論主要針對張愛玲、錢鍾書二氏之作品，亦抉其幽微，篇篇可誦。

三民叢刊18

解體分裂的年代

楊渡　著

隨著歷史的前進，臺灣的生活方式由農業生活轉入了工業社會，生活方式的改變也帶來了社會結構，包涵政治、經濟等方面的結構解體、分裂與重組，而重組的路究竟通向何方？改革？或是革命？作者近來年著力追尋改變的軌跡，肯定了改變的根源來自民間，其路向也該朝向人民的需求。書中文字即紀錄了作者追尋過程中所注意到的種種現象，期能透過對這些現象的反省，從中得到記憶的力量。

國立中央圖書館出版品預行編目資料

解體分裂的年代／楊渡著．--初版．--
臺北市：三民，民80
面；　公分．--（三民叢刊）
ISBN 957-14-1779-3（平裝）

1. 政治—中國—論文，講詞等

573.07　　　　80000668

著　者　楊　渡
發行人　劉振强
出版者　三民書局股份有限公司
印刷所　三民書局股份有限公司
地址／臺北市重慶南路一段六十一號
郵撥／〇〇〇九九九八——五號
初　版　中華民國八十年四月
編　號　S 85208
基本定價　肆　元
行政院新聞局登記證局版臺業字第〇二〇〇號

ISBN 957-14-1779-3（平裝）